杜甫传

[美]弗洛伦斯·艾思柯
（Florence Ayscough） 著
姜倩 译

中央编译出版社
CCTP Central Compilation & Translation Press

图书在版编目（CIP）数据

杜甫传 /（美）弗洛伦斯·艾思柯著；姜倩译．—北京：中央编译出版社，2024.4

ISBN 978-7-5117-4596-5

Ⅰ．①杜…　Ⅱ．①弗…　②姜…　Ⅲ．①杜甫（712-770）－传记　Ⅳ．① K825.6

中国国家版本馆 CIP 数据核字（2024）第 035697 号

杜甫传

责任编辑　苗永姝
责任印制　李　颖
出版发行　中央编译出版社
网　　址　www.cctpcm.com
地　　址　北京市海淀区北四环西路 69 号（100080）
电　　话　（010）55627391（总编室）　（010）55625179（编辑室）
　　　　　（010）55627320（发行部）　（010）55627377（新技术部）
经　　销　全国新华书店
印　　刷　北京汇林印务有限公司
开　　本　710 毫米 ×1000 毫米　1/32
字　　数　209 千字
印　　张　13
版　　次　2024 年 4 月第 1 版
印　　次　2024 年 4 月第 1 次印刷
定　　价　99.00 元

新浪微博：@中央编译出版社　　微　　信：中央编译出版社（ID：cctphome）
淘宝店铺：中央编译出版社直销店（http://shop108367160.taobao.com）（010）5562733[illegible]

本社常年法律顾问：北京市吴栾赵阎律师事务所律师　闫军　梁勤
凡有印装质量问题，本社负责调换，电话：（010）55627320

谨以此书

纪念那些

在中国政府的车轮上

发挥了关键作用的清廉官员们

“这一切都因他们的善政而受到歌颂；

他们因此而美名远扬。”

杜甫木雕像

摄于成都杜甫草堂

目　录

中年时代 / 053

附　录 / 251

杜甫传

插图列表

杜甫传

序

1921年，洛威尔小姐[①]和我翻译出版了一本中国诗人的诗集——《松花笺》(*Fir-Flower Tablets*)，书中仅收录了十四篇杜甫的诗作，我们便萌生了翻译其更多作品的愿望，本书的写作正是缘起于此。因此，当年秋天返回中国时，我挑选了几百首杜甫的诗歌，并准备了音译和意译的文本，为洛威尔小姐的工作——翻译——做好准备。但是，当我负责的章节完成时，洛威尔小姐正全神贯注于济慈，自然不能分心，所以杜甫的诗歌只能暂且搁置，直到完成济慈的翻译。

在《艾米·洛威尔和远东》(伦敦《文人》杂志，[*Bookman*]，1926年5月)一文中我曾描述过我们合作的方式，这也跟本书有关，因为它展示了我现在使用的翻译方法是如何发展变化的。我节选于此：

---

① 艾米·洛威尔(Amy Lowell，1874—1925)，美国女诗人，继埃兹拉·庞德(Ezra Pound，1885—1972)之后意象派诗歌运动的领袖人物，其后期作品受到了中国和日本诗歌的影响。她所著《约翰·济慈》(1925年)是一部著名的传记作品。——译者注

……不过，洛威尔小姐完全不可能满足于只从我的译文入手——绝对不行。我们俩都意识到，除非彻底搞清楚诗人在诗中所赋予的字词的意义，否则无法充分表达其思想。所以我们一起逐字逐句地翻译，我翻译意思，她详细地做着笔记。在工作中，洛威尔小姐有了重大发现，我相信其结果影响深远。她发现，用一个短语而不是一个单词去翻译一个汉字，可以使诗句的意义生动得多。这一发现是这么得来的：我们一起翻译一句诗，我大声地读出“暮”这个汉字，我说：“意思是‘日落’。”然后又漫不经心地加了一句，“这个汉字的意思是夕阳消失在远方地平线的草丛之中。”“你是什么意思？”洛威尔小姐问。“呃，我是
9 说……”我回答道，并立刻向她展示了这个字在远古时期的字形，这个象形文字直观地描绘了夕阳落入天边草丛中的景象。她比以往更加着迷，并坚持让我就汉字的构成写一长篇专业论文，我对这个问题一直兴趣浓厚，可是从未想过将其应用于翻译。

虽然中文没有字母表，但是他们选择了214种形状来组成汉字，这些形状都是表意的象形符号。西方

人把这些形状叫做“字根”，但是中国人把它们称为“部首”。一个部首出现在很多汉字中，这些汉字在汉语字典里都归属于该部首之下。

……还有，一个常用来表示疾风的声音的汉字，是由部首“风”和表示“说话”这个意思的字形组成，洛威尔小姐用这样一个短语来翻译：“狂风大作中的呼喊。”

还有很多类似的例子，但是我说的已足以表明，一个汉字的韵味必须从其构造上去寻找，在工作中，洛威尔小姐和我非常仔细地研究了汉字的起源……

如她所说：“实际上，我有四种不同的研究诗歌的方式：一是中文的音译，以获得韵律和节奏；二是词语的字典释义；三是字形分析；第四是深思熟虑的意译……”

她发现，字形的分析——就是用短语翻译象形文字——在诗歌中不能过度使用，在信中她解释说，因为非常容易破坏韵律。她写道：“我也不能说‘夕阳消失在天边的草丛中’。我做的一切都像是在破坏韵律……就个人而言，自从跟你一起开始翻译，我比以往任何时候都热爱中国诗歌，那些优秀杰出的作品，翻译起来极其有趣，但是如果只是意译则一无是处，

无法体会东方的精神。”后来，我们讨论合作时，她说：“汉学家们对诗歌的了解不足以做出恰当的翻译，而著名的诗人们则更加关注于扬名立万而不是翻译这些古代中国人的诗歌……结果就是两种极端必居其一——一种学术式的翻译而毫无诗意，或者另一种充
10 满诗意却非出自中国人之手……”

要理解最后一句话必须记住，一般来说，中文的翻译者必须能够熟练地运用英语的成语。他们有意放弃了汉语成语，因为那些成语太过离奇而难以翻译。

洛威尔小姐致力于还原本意。我常说“这句意思是这样”，而她总是一成不变地回答：“是的，但是它指的是什么？”然后她会试着用另一种语言表达汉语成语，或者使用比喻。

我的汉语老师仔细读完我给他的一本《松花笺》后，在一次特别谈话中，用一个比喻形象地描述了我们俩的不同分工。农竹（Nung Chu）先生不会说英语，但他能看懂一点儿，我问他是否喜欢这本书，他回答道：“艾女士朋友的手笔充满了生命的动感。”“哦，是的，”我说，“您看，那就是上天的旨意。任何人只要有耐心，在您的帮助下都能做我的工作，但是她所做的则是上天的恩赐。”“不错，”他表示同意，“艾女士的用词分毫不差，不过也许她没听说过我们中国的一句话，叫‘好花还需绿叶扶’……”

杜甫被中国人视为诗歌领域里最伟大的天才，洛威尔小姐和我打算将杜甫的诗歌翻译出版，1923 年 12 月，她给我写了一封信，我将其中一段当作预言摘录于此：

“杜甫的书进展如何？我希望不要太快，因为当我完成济慈的书时应该已经精疲力竭了，在开始新的尝试以前，我想我需要一个相当长的假期。”

她所说的“济慈的书”出版于 1925 年早春时节，数周以后，确切地说是 5 月 12 日，艾米·洛威尔离开了人世。

这些年来，杜甫的诗一直被搁置一旁，等待着洛威尔小姐和我再次合作的一刻。现在，从前制定的一切计划都必须重新来过：这本书只能由我自己来完成。经过考虑
后，我很快决定采取自传体的形式。这需要翻译更多的 11
诗，通读几乎所有杜甫的作品以搜寻与其生活相关的细节。

我也意识到，跟洛威尔小姐所做的一样，翻译中文诗歌不可能不考虑韵律。经过多次尝试，我心里始终牢记

需要考虑的最重要的问题是：诗人说了什么、他是怎么说的，以及我怎样才能让读者易于理解。我发现，只有抛弃所有书写传统英语的思维，并专注于努力阐释每个象形文字及其在上下文中蕴藏的含义，才能给予上述问题以最好的回答。为了理解意思，我常常不得不在简洁的中文诗句中增加“意会”的动词；另一方面，只要有可能，我就避免添加介词、冠词、连词和其他汉语中在很大程度上排除使用的词类。

汉语的律诗由数句组成，每句包含五或七个音节；在不规则的体例里，音节数也有所变化，比如行和歌，杜甫就经常使用。（参见《术语表》中关于这些体例的定义，以及《松花笺》引言中关于汉语韵律的描述。）翻译时，我仔细观察了每一句里汉字的个数并相应地把英语单词分了类。虽然不可能保留原诗中汉字的顺序，但是这些诗句却是完美无瑕的；诗句是成对出现的，我也将其成对
12 分离，有时也会有一两个例外，比如《饮中八仙歌》，在适时可行时，我也给出了具有汉语特色的对仗短语，但是汉语诗词的形式之美，韵律、节奏以及声调，却翻译不出来。聆听一位中国学者“吟诵”诗词，其愉悦真可谓是无与伦比，这种形式源于汉语的单音节特点，而我们的语言

天赋甚至无法转换其皮毛。

回到“汉字含义”的问题上：表意文字是一种复合形式，很难用一个英语单词来翻译一个汉字。有一次我正在为翻译一个汉字而烦恼时，我的老师就说：“你为何只想找到一个单词？它是由三个单词组成的。”我发现的确需要一个短语才能完整表达全部的意思。

例如，在《东都两年》一节中，《夜宴左氏庄》首句如下：

feng　　风

lin　　林

hsien　　纤（用白色经线和黑色纬线织成的丝绸）

yueh　　月

lo　　落

我翻译的是：“风把树林（的影子）和洒落的月光（编织成）一种白经黑纬的（丝织物）。”为了便于理解，我不得不添加了一些中国读者能看懂的词，而且我认为，杜甫用以描绘月光的美妙图像不应该缩略简化。

上面这一行诗句关系到给出一个汉字在汉英词典中的整体意义。我分析了汉字以获得言外之意，现在必须 13
谈及这些罕见的情况。举个简单的例子，引自《中国之鉴》(*The Chinese Mirror*),汉字“虐”的意思是压迫、残暴、野蛮等,由“虎”和“爪”组成。我翻译成“虎爪的压迫”,一位评论家表示反对,说:“中国人在解读时不会想到这样的分析。”也许不是有意识地,就像我们在使用单词时想到单词的词根一样,但“纯英语”肯定是由使用具有语境要求的氛围的单词而产生的。以下摘自 1928 年 9 月 22 日纽约《星期六文学评论》(*Saturday Review of Literature*)的社论,恰如其分地表达了我的意思:

> 不过,写纯英语极其困难。在这个意义上,和其他地方一样,“纯”具有道德意义而不是化学意义,意味着对每个英语单词的全部含义负责。那些意义又能写成什么历史呢!纯英语的作者在每一个音节中都带着生命意识来选择词汇。对他来说,一个动词后跟宾格是不够的,他也不会满足于在一本现代词典中的“佩服”只有一个非常简单的意思。他在自己的语言中感受到了拉丁语,品尝到了诺曼语或盎格鲁—撒克逊语中粗糙而具体的单音节词,知道“颤抖”是在骨头上钻孔,记住了礼貌的谦恭,他选择了韵律节奏把这种感觉反映在声音中。有了这样的传统,他的英语还

能迫切需要它自己的强大力量吗？

现在以一个受过教育的中国人为例：如果他学过汉字的构成——而老派的人谁没有学过呢？——他所看到的和感受到的远远超出我们的想象。根据我的经验，农竹先生读到“至”（“到达”的意思）这个汉字时，总能想到鸟降落到地面上。我怀疑，即使是初学者也不会对汉字“虐”中的“虎”和“爪”所表示的“压迫”的意义视而不见，
只是他所看到的我们难以言表，但我们能够肯定的是，从 14
汉字“虐”上，有学问的中国人看不出我们的拉丁词根 *oppressum*（压迫）；就是一种纯粹的任意翻译，不会给英语读者任何汉字的感觉。我想，这与其说是个汉学问题，不如说是文学问题。在实际的翻译中，确定一句诗的意义时不能考虑汉字的构造，因为经年累月，其在语境中的意义因使用而有所改变；但是，如果分析一个汉字使其意义更加生动、灵活，并得到广泛接受，在我看来，就应该在翻译中加以考虑。

此外，还有一点值得重视。我提到二项式词语，瑞典著名的语言学家高本汉（Bernhard Karlgren）称之为“同义复合词”：成对使用的两个汉字获得了一种非常特殊的

意义，乍一看与单个汉字的意思相去甚远。然而，在这些二项式——有时是三项式——词语中，蕴藏着成语的核心，而成语正是汉语的精髓，它们的使用如此频繁，甚至有人认为汉语并非严格意义上的单音节语言。在我看来，许多这样的词语如果按照字面意思来翻译，而不是只看复合词的公认意义，其意义会更加丰富而生动。举其中一例：

消：消除、排除、排出

息：一次呼吸、喘气、呼吸

这两个汉字常组成复合词——消息，意思是发生的新闻、报告、传闻，或是离家之人的音信。这个词让人感觉
15 好像经由呼气和吸气我们跟外部世界产生了联系。我想如果翻译能传达出“新闻的气息”这种感受，就更加真实生动。表达方式无疑是了解一个民族思想的关键，而思想的相互理解在当今世界上是至关重要的。在我看来，作为一个民族，中国人考虑汉字的构成，证据是无数源于分析表意文字的游戏之盛行，也被根植于这种分析的风水系统所证明。

我已说过，中国人在诗歌中很少使用冠词和介词，他们通常“一读即懂”一些词类，比如名词、代词和动词，而我们则必须表达出来。实际上，翻译汉语诗歌类似于转

译现代电报。

典故。这个典故的问题使中国诗歌的翻译复杂到了不可思议的程度。如果注释清晰、内容丰富、记录完整，翻译起来基本没有难度；一位对自己国家的历史了如指掌的中国学者（我谨慎地使用过去时）立刻就能领会典故的含义，并钦佩诗人的学识能对历史信手拈来。但是，要吸引西方读者的注意则是另一回事，因为西方读者对这一历史背景知之甚少。为了揭示隐含的意义，需要一系列令人厌倦的注释；用两到三页纸来解释一行五个汉字，“就像用
手指着手心一样容易”。这些解释可以追溯到时间的起源， 16
甚至是中国人计算出来的时代。

我编译这本书的目的是要展现杜甫的品格，因此无论对错，那些我认为只能掩盖其品格的典故，我都已经撕碎其面纱并抛在一边。不过，我必须再三强调，他的用典技巧超乎寻常，对中国读者来说，也不影响其诗歌的生命力。

中国人名的拼写。当然，除了地名，我采用了“威妥玛拼音”，由剑桥的翟理斯（H. A. Giles）教授加以修订，

是通用词典采用的拼写法。[①] 这句话并不像看起来那么简单：因为各种原因，地名的问题是一个很大的难题。

首先，中国的邮局采用了不同的音译法，地图自然与之相应，比如：chou 拼写成 chow ；ssŭ 是 sze ；ch'uan 是 chwan，等等。说起来似乎很简单，在使用威妥玛系统处理其他事情的同时，使用邮局的系统处理地名，从而使拼写与地图的拼写保持一致——但事实并非如此。

第二，因为地图都是过时的，甚至中国的邮局也仍在使用清朝时期绘制的地图。只有一个例外，我指的是谢立山爵士（Sir Alexander Hosie）[②] 编纂的《菲利浦中国商务地图》（*Philips' Commercial Map of China*），里面记录的

17 是现存的地名。我将其关于地名的注释引用于此：

中国的城市划分为四个等级：府、亭、州和县。民国至今，这些城市都被正式定为县或“区市”，其中

---

① 威妥玛（Thomas Francis Wade，1818—1895），1871—1883 曾任英国驻华公使。他使用罗马字母为汉语注音，创立威氏拼音法，后由英国人翟理斯加以修订。翟理斯（Herbert Allen Giles，1845—1935），英国汉学家，于 1892 年出版了《华英字典》（*A Chinese-English Dictionary*）。——译者注

② 谢立山爵士（Sir Alexander Hosie，1853—1925），英国驻华外交官、探险家。——译者注

很多城市都重新命了名。地图上标注了新地名（现在普遍使用），写不下时省略了“县”这个后缀。至于以前的“府”、几个知名的“亭”和“州”，可能由于广泛使用而得以保留，都在括号中注明并添加了官方名称。

在本书地图中，我遵照了谢立山爵士的命名法，所有未来的地图都将如此。一般说来，书中地名采用的是威妥玛拼音——在杜甫的时代，州（chou）还存在并不断提及。但是我无法在反复变化中保持完全一致！为读者考虑，省或其他一些地名，如南京和北京，跟当今地图上使用的音译拼写保持一致。

现在说说人名，中国人先说姓后说名，比如：杜，是家族的姓；甫，是个人的名字，在目录中我们实际采用了这个做法。

通常，中国人的做法并非如此简单。“名”常常代之以“号”、官职或“字”，而后者一个人可以有多种称呼。读者可以在《术语表》的“名字”一词中找到有关说明。在此，我只是希望读者注意一点，即中国人称呼人，常常不称姓而只用“号”；他们不会每次都叫全名“杨国忠”，而只说“国忠”。为了简洁起见，我也常常这么做。

18 在《术语表》中，我也说明了发音的问题，因为中国人特别喜爱使用拟声词，发音非常重要。

《术语表》。因为没有什么比一大堆脚注更让人眼花缭乱的了，所以我在《术语表》中解释了中文术语和某些外来的表达，最大限度地延伸了这个词的含义。

《传记索引》。对于那些和杜甫生活在同一时期并与之有过交往的人，应该提供某些资料，这似乎是非常可取的。由于显然不可能缩短叙述，也无法提供所提到的每个人的家族史，我从《参考书目》提到的书籍中编制了这个索引。

插图。19 世纪晚期，中国有个叫吴友如的人，喜欢图绘各种各样的历史故事和传说，其作品很受中国人的欢迎。尽管这些画可能被认为更传统而不够准确——画上的一些家具可能比唐朝要晚得多——但仍将有助于我的读者想象杜甫生活的环境。画上的服装是那个时期的典型样式，还有“坐垫”、矮桌——这在日本仍在使用，在日本可以看到大量唐代文化的印记——香炉、卷轴、高底木屐、酒杯、竹卷帘，还有其他的细节，杜甫在诗歌中都有提及。本书中的线条画即为吴友如所作。

卷首图是一幅栩栩如生的杜甫木制雕像，端坐于四川 19
成都的杜甫草堂内。我的朋友、成都华西大学的斯图尔特博士（Dr. Stewart），请他的一个学生帮忙为我拍摄了这张照片，可惜我不知道那个学生的名字，在此我谨向他和我不知名的恩人表示感谢。

除了这些线条画，其他插图已得到了充分的认可，我希望读者会感兴趣。

《杜诗镜铨》。杜甫的作品有许多版本，但没有一个版本像这本书这样如我所愿地按时间顺序排列。该书序言说明了写作缘由，部分抄录于此：

> 《杜诗镜铨》二十卷，杨西龢先生撮各家笺注，爬罗抉剔，博采而得所折衷。俾杜公惓惓忠爱之隐，节解章疏，……
>
> 余诵之心折久矣。
>
> 戊辰奉命承乏两川。
>
> 公余之暇，过城南草堂，瞻拜遗像。慨想流风，

恍一一于诗遇之。

20 今年春，校刊《四史》藏事，念东南兵燹以后，公集板毁无存，爰觅善本付梓，并取张上若先生《工部文集注解》二卷附后。

读诗者息众说之纷拏，仰光焰之万丈，而杜公真切深厚之旨，益昭然若揭焉。工既竣，遂以是书藏之草堂……

同治十一年壬申六月

头品顶戴总制四川使者盱眙吴棠 序[①]

杜甫的作品西方译者关注得并不多。德理文侯爵（Marquis d'Hervey-Saint-Denys）翻译的《唐诗》（*Poésies de l'epoque Thang*）中出现过几首，《松花笺》中有十四首，伟大的汉文诗译者冯·查赫（Ritter von Zach）博士在各种德文期刊上发表过一些。[②] 此外，再无其他。

我还要感谢我的老师农竹先生，或者称他为“艺竹

---

① 见《杜诗镜铨序》望三益斋镌板，同治十一年八月重刻。——译者注

② 德理文侯爵（Marquis d'Hervey-Saint-Denys，1822—1892），法国著名汉学家。冯·查赫博士（Ritter von Zach，1872—1942，）奥地利汉学家。——译者注

生”[①]——这是一项艰巨的任务。他兴趣浓厚，持之以恒，他的理解与支持始终如一，而且无比耐心。

在经历挫折最为黑暗的时刻，用汉语来说，我似乎深陷于灰心沮丧的网中，他激励我继续努力。我谨致以诚挚的谢意。

根西岛索马里兹公园

1928年10月23日 21

① 此称呼参见洪业:《杜甫——中国最伟大的诗人》，曾祥波译，上海：上海古籍出版社2020年版。——译者注

引 言

夜里下了一场小雪，当我走进书房的时候，晶莹的雪花反射着清晨的阳光，让我眼花缭乱。阳光充满了房间的每一个角落，并穿过剔透的腊梅花，把花朵染成了闪闪发光的金色。庭院里的树木召唤我从珍珠贝壳般的窗户走出来，为春天的到来而欢欣鼓舞。然而农先生正在等我，他手里拿着一本《旧唐书》，于是我在那张长桌旁坐下来，那是我们的书桌，我低头看着那些充满活力的汉字，它们所传达的意义绝不仅止于表面。我从他指示的那一页开始读：

“杜甫，字子美，本襄阳（湖北省）人，后徙河南巩县。曾祖依艺，位终巩令。祖审言，位终……”

农先生让我暂停一下。我放下那本薄薄的册子，听他平静地说：“我们中国人在评判一个人的时候，认为至少回顾三代人并考察其家庭学识是至关重要的。杜甫无疑继承了非凡的学识：他祖上十一代都是学者，他的祖父杜审言

做过国子监主簿，也是一位著名的诗人。”

23 我低声表示同意，继续读书：“父闲，终奉天令。”

奉天是唐朝的一个县，现已不存。唐都长安现名西安，长安以南约十六英里建有汉宣帝陵墓——杜陵，即在奉天县境内。杜甫在其《进封西岳赋表》中如此说道：

臣甫言，臣本杜陵诸生

他出生于先天元年，据我们估算也就是公元712年。

如果要理解与中国相关的历史事件的记载，这种年份的名称必须掌握，为了避免长时间偏离正题，我恳请读者翻到书后的《术语表》，在“年号”一词中有具体说明。

杜甫的诗歌被中国人誉为“诗史”，从他的诗中可以读到国家的历史，诗中也记述了许多有关他个人经历的详细情况，我决定尽可能地重建他的“自传”，让他的诗来讲述他的故事。我参考的是《杜诗镜铨》这本书，该书与历史文献进行了仔细的校勘，并按时间顺序编排，从而简化了我的写作任务。

24 我的个人贡献将是勾勒出杜甫诗歌背景事件的梗概。

初　唐

公元618年，唐朝建立。李世民拥立他的父亲登基，之后自己继位，即唐太宗，他励精图治，四海秩序从一片混乱中得以恢复。他治理国家效果显著，传说被判处死刑的罪犯可以被允许离开监牢以协助秋收，这些人在冬季还都准时返狱伏法！这是一个井然有序的政府所能达到的最高境界！实际上，“唐太宗”这个称号已经成为完美治理的同义词。他的影响也不仅局限于这个华丽的中央王国，中亚的突厥人部落逐渐被他控制，公元659年，李世民的继任者高宗，在西突厥控制的广大地区建立了统治权，天子的法令回响在咸海沿岸。

然而，到了世纪末，一个非正统权威力量凸显，当朝皇帝驾崩后，他的配偶——武后，废黜了他的继承者，自己登上了龙座。

武皇的故事非常神奇：关于她的残忍、她的傲慢和她的权力——并没有随着岁月的流逝而衰退。她创造了十九个不同的表意文字，现已不再使用，其中之一被她选用为自己的“号”。这个汉字“曌”展示了两只眼睛在空旷的天空中闪烁，暗示着她被比作上天的两种伟大的光芒：日与月。为了让人们相信她的力量是无限的，她颁布命令，要求某些植物立即开花，顺便说一句，这些植物是经过精心催培而成的，她甚至还写了一首独具特色的四行诗：

腊日宣昭幸上苑

明朝游上苑，火急报春知。
花须连夜发，莫待晓风吹。

她实际统治了二十多年，但是在走向死亡的彼岸——黄泉之前，她让位于中宗，那个曾经被废黜的软弱的君主。事在公元705年。

尽管中国的历史学家在整个过程中把中宗称为天子，他们忽略了这一段非常规的过渡期，但是我认为这一时期对后来的事件不无影响。道德平衡本身就是政府体系的主要力量，必然受到了动摇，在接下来的六年里，这种动摇就更为严重。中宗的皇后韦氏身上有许多恶劣品质，也缺乏武后的能量和魄力，她试图效仿那位专横的女士，如果后来的明皇李隆基不具备胆量和诚意，这个王朝肯定会没落。

如前所述，杜甫生于公元712年，即先天元年。次年十二月，玄宗——明皇的庙号——掌握了实权，改了年

号，因此公元 713 年为开元元年。 28

如果明皇在中年去世，他的名字将被人们铭记，并赞美有加。他完成了一项伟业，在混乱之中重建了秩序，他的节俭成为典范，他任用的阁僚也无可挑剔。开元早期社会安定，欣欣向荣，如人所愿，正是在这样令人难忘的岁月中，杜甫长大成人。 29

童戏时代

开元元年—开元十四年

（公元713年—726年）

童戏时代

开元元年—开元十四年

（公元713年—726年）

杜闲，杜甫的父亲，在当时的传记中没有记载，所以没有关于家庭活动的资料。但我们知道，杜甫四岁时，身在今天河南的城市许，位于现在的京汉铁路沿线，最近一直是战斗的风暴中心。在那里，一位舞蹈家在他幼小的心灵中留下了难以磨灭的印象。多年后，他作诗一首，部分如下：

观公孙大娘弟子舞剑器行

并　序

……

开元三载，余尚童稚，记于郾城，观公孙氏舞剑器浑脱，浏漓顿挫，独出冠时。

自高头宜春梨园二伎坊内人，洎外供奉舞女，晓 33
是舞者，圣文神武皇帝初，公孙一人而已。

图2 舞姿

……

昔者吴人张旭善草书书帖，数尝于郾县见公孙大 34
娘舞西河剑器，自此草书长进，豪荡感激，即公孙可知矣。

……　　　　一舞剑器动四方。
观者如山色沮丧，天地为之久低昂。
㸌如羿射九日落，矫如群帝骖龙翔。
来如雷霆收震怒，罢如江海凝清光。
……

——卷十八，第八八三页[①] 35

可能这一场景在本质上与今天发生在中国城墙内的类似场景没有什么不同。一个表演者出现了，在“掌心一转”的时候，“观者如山”。呆头呆脑的乡巴佬张大了嘴，街上的顽童在人群中扭动穿行，冷静的绅士们举起他们衣着鲜亮的孩子，让他们一览无余。杜甫可能就是一个衣着

① 原文中杜甫诗作参照的是吴棠望三益斋刊刻的《杜诗镜铨》，本书参照〔唐〕杜甫著、〔清〕杨伦笺注:《杜诗镜铨》，上海：上海古籍出版社 1998 年版。诗末尾处标明该诗在书中位置。下同。——译者注

图3　羿王

鲜亮的小男孩，他剃光的小脑袋两边各垂着一绺头发。杜甫是个早熟的孩子，这一点我们从他自己写的《壮游》一诗中可见端倪，他在诗中提到自己的童年时写道：

> 七龄思即壮，开口咏凤凰。
> 九龄书大字，有作成一囊。

“啊！”当我们读到这两句诗时，农先生说道，“完全不同于一个普通小孩！凤凰，一种长有银色冠羽的爱之鸟！是的，多数孩子还在歌唱狗和鸡，杜甫想到的却是传说中的生物。这就是思想的高度！至于‘囊’，艾女士见过日本人旅行用的包吗？那就是我们所说的‘囊’。”

我当然见过那种包，一种狭长、硬底的袋子，顶部有金属圈孔用以收紧，我很喜欢，但是我没意识到这种包来源于唐代文明，日本在六到七世纪时从中国移植而来。

“大字”的典故我很容易理解。事实上，仅仅是两个
字就让我想起了多年前第一次见到的生动画面，我再次看 36
到此情此景，是一位上了年纪的中国绅士，穿着一件浅稻草色的长袍，半掩在他那件“看不见的”绿色短外套里。他坐在一张长方形的花木桌前，桌上平铺着一个九岁的早熟孩子写的方方正正的字——据我们估计是八岁。我不懂书法，那些字并没有给我留下深刻印象，但是我的中国朋友肃然起敬的表情让我很惊讶，我意识到与我的感觉完全相反的东西。看着这些大字，这些作品出自于孩童之手，令人惊叹，他忘记了周围的一切。

对我们来说，书写汉字的神圣本质的确很难理解。但 37

图4 写大字

即使在今天，人们背着小篮子在街上搜寻每一张写有表意符号的纸片，然后把纸片放在为此特制的炉子里焚烧，这种情况也并不少见。富人会为人们的这种劳动支付报酬，

38 这样做的价值在于拯救文字免遭亵渎。

弱冠时代

开元十四年—开元二十三年

（公元726年—735年）

弱冠时代

开元十四年—开元二十三年

（公元726年—735年）

《壮游》中关于杜甫早年岁月的细节描述不是太多，但其中提到：

往昔十四五，出游翰墨场。

斯文崔魏徒，以我似班扬。

……

性豪业嗜酒，嫉恶怀刚肠。

脱略小时辈，结交皆老苍。

饮酣视八极，俗物多茫茫。

东下姑苏台，已具浮海航。 41

到今有遗恨，不得穷扶桑。

……

越女天下白，鉴湖五月凉。

剡溪蕴秀异，……

图5　老鹰捉小鸡游戏

没有什么比理解中国人喝酒更为困难的了，中国人
42 是出了名的清醒的民族。他们把有节制地饮酒当作七大艺术之一，达到杜甫所说的“醉”的状态之后，就不该再喝了。“醉”这个字通常用 drunk 来翻译，这并不恰当，英语里没有对等的词，法语里的 grisé（半醉、陶醉、飘飘然、眩晕）更接近于真实，但我也不确定这个词是否给出

了确切的细微差别。“醉”的状态能带来灵感，但只能维持片刻，在中国人看来是非常可取的，而任何过度的情况都会遭受谴责。“扶桑”被描述为太阳升起的国家，可能是日本。姑苏台位于古城苏州附近，始建于公元前五世纪，其地基至今仍然清晰可见，大概十几个世纪前杜甫到那里的时候，那些地基还很精美。

图6　十四五岁

如果我要引用这首诗接下来的十二行，就必须深入到一些引人入胜但毫不相干的细节中，以便于理解，这些细节与吴国和越国的历史及传说有关。吴越两国在我们的时代之前就已存在于两个美丽富饶的省份，今天称之为江苏和浙江。

农先生对这些年轻时的游历所做的评价相当有趣。他由衷地赞成把一个十四五岁的男孩送上旅途的想法，并且
43 描述了他自己在那个年龄亲历的一次旅行，他身边只跟着一个他父亲信任的随从。“不然，”他问，“一个男孩怎么能了解自己国家的历史？”

杜甫的热情令人愉快。他显然陶醉于早期的浪漫故事，并接二连三地提及，滔滔不绝。要走遍他提到的所有地方，他一定在中原地区的江河、湖泊、运河和小溪上漂流了好几年——这是一段非常愉悦的旅程！最后，一个炎热的季节过后，他乘船经过了天姥山，所谓天姥山，是因为从山坡上传来天姥即兴吟唱的歌声。之后他来到了杜家祖籍地——巩县，位于河南洛阳附近，洛阳当时称为
44 东都。

祖籍地

开元二十三年

（公元735年）

归帆拂天姥，中岁贡旧乡。[①]

《唐书·选举志》是唐朝选贤任能的历史摘要，其中记述：唐朝在各州和县均设学馆供学生使用；每年冬三月的第二个月，也就是十一月时，负责的官员从读完所有指定书籍的学生中挑选出佼佼者。这些人称为“乡贡”，即国家的候选人，他们在尚书省服务，这是与朝廷相关的教育机构。经过户部的审查，他们来到了“考试的关口”——员外郎面前。

不难想象，二十四岁的杜甫从他所描述的旅途中归来时，一定受到了他敬仰的亲戚们的热烈欢迎。杜甫受到南方学者的招待，想必令他们非常满意，所以杜甫对自己的能力有很高的评价也就不足为奇了。

① 出自杜甫《壮游》。——译者注

45 气劘屈贾垒，目短曹刘墙。[1]

我们知道，杜甫当年在老家巩县报名参加了科举考试，但他进京的确切时间却存在争议。在杜甫多年后所作的一首诗中，有证据表明，去长安之前，他去了一趟现在的山西省。但如果是这样的话，我们并不知晓他的具体行程，因此我不打算在地图上标示出来。

杜甫在《三大礼赋》序言中说他曾“浪迹于陛下丰草长林”，现在这个年轻人进入仕途的时候到了。在杜甫心中，毫无疑问，这将是他的事业。他的家族不是连续十一代都是学者吗？当然，他只要入仕效力，就肯定会被接受。杜甫深知自己的文人出身，受到博学者的赞扬而受宠若惊，他渴望证明自己有足够的能力为一位开明天子效力，并为此而兴奋不已，于是他意气风发地出发前往京城。唉，人类的希望是多么脆弱！唉，那些灵感，忽视了已经建立起来的“学问的壁垒”！杜甫并没有成功：

46 忤下考功第，独辞京尹堂。[2]

---

① 出自杜甫《壮游》。——译者注

② 出自杜甫《壮游》。——译者注

壮游时代

开元二十四年—天宝五载[1]

（公元736年—746年）

① 天宝二年五月，决定改称“年”为“载”。——原文注

第一节　齐

开元二十四年—开元二十九年

（公元736年—741年）

1905年，一道诏书废除了古老的教育制度，在此之前，除非人们认识到道德力量的驱动力推动了行政管理，否则不可能意识到这个观点在中国的普遍性——只有一种生活方式值得年轻的读书人奉为事业。他的神圣职责是培养他的天赋，并希望能在天子与百姓之间提供一个有价值的沟通渠道，就像天子为这个世界和宇宙的统治者提供了沟通的桥梁一样。这是一种崇高的抱负，充满了激昂的热情，没有被自我思想玷污而洁白无瑕。为国效力、建言献策和变革重生，如果需要重生的话，这就是中国青年的强烈愿望。要过上这种生活，只有一条路可走：这条路始自考场大门。

杜甫在长安遭遇了令人难以置信的碰壁，他天性倔强而任性，无法忍受这个沉重的打击，他的心路历程也不难理解。在痛苦的情感剧变中，他再次踏上了旅途，在将近

十年的时间里，他转向了山东和山西，也就是齐和赵，就像他在《壮游》一诗中所描述的：

49 放荡齐赵间，裘马颇清狂。
春歌丛台上，冬猎青丘旁。
呼鹰皂枥林，逐兽云雪冈。
射飞曾纵鞚，引臂落鹙鸧，
苏侯据鞍喜，忽如携葛强。

他的同伴苏源明，注释里说他喜爱古诗，其父很有地位，后来在科举考试中脱颖而出。但是尽管他跟杜甫一定格外投缘，但却没再被提起过。葛强是秦朝名将，杜甫自诩健康强壮，在和苏源明参观山东的名胜古迹时，将葛强与自己作比。若不是今天的山东省饥荒肆虐、盗匪横行，是可以去那里追寻其踪迹的。

《杜诗镜铨》卷一以描写开元二十五年的诗歌开篇。第一首诗记述了游览河南龙门，该地离杜甫的祖籍地不
50 远，他似乎在去往东边的旅途中，不时地回到家里。《松花笺》中收录了这首诗，其中有几句优美可爱，但是并没有进一步记录这一段在河南的逗留。

图7　与苏侯一起

当时，诗人的父亲杜闲是兖州的一名小官吏，这座城
市位于孔子故乡的中心，实际上，乘火车去参观这位至圣
先师的出生地时都会在这一站下车。《登兖州城楼》的第
一句中暗含了《论语》里描述的孔子的儿子“驱而过庭”
这件事，由此似乎自然而然地可以想见杜甫是来探视他的
父亲的，尽管注释者们对此争论不休。站在城楼上，他想 51
起了这片土地上曾经繁荣一时而今已逝的国家。

登兖州城楼

东郡趋庭日，南楼纵目初。
浮云连海岱，平野入青徐。
孤嶂秦碑在，荒城鲁殿馀。
从来多古意，临眺独踌躇。

——卷一，第二页

此地以北约六十英里矗立着泰山，这座东方之巅，自古以来便是朝圣之地，大概是五岳之中最受欢迎的一座。与泰山崇拜相关的仪式确实非常有趣，我在《中国之鉴》中有所描述。自然，杜甫攀爬了陡峭的台阶，到达了顶峰，想
52 必他也用诗句进行了记录，然而，幸存下来的只有：

望　岳

岱宗夫如何？齐鲁青未了。
造化钟神秀，阴阳割昏晓。
荡胸生层云，决眦入归鸟。
会当凌绝顶，一览众山小。

——卷一，第一页

兖州以东有石门山，显然，杜甫在那里度过了很长时间，很可能是待在不同的寺院里。他拜访了在此隐居的张氏，写了两首诗记录他们的交往：第一首写于初次见面之后，但第二首中包含复杂而无关的典故，杜甫明确表示他常常见到这位“贤士”，我就不在此引述了。他还说，张氏请他吃梨，山东盛产这种水果，还请他喝一种美酒，这酒使他兴奋，摆脱了一切忧虑。

图8 隐居林丘

53 前村山路险，归醉每无愁。[1]

除了酒和水果，张氏显然还给了这个青年中肯的建议，并跟他谈论过自己已然身退的官场，很可能有关原则问题。在旧的行政体制中，最具特色的就是人们认为至关重要的政策遭到了反对，他们会自愿退休。但张氏显然也劝过杜甫，如果可能的话，要坚持自己为国家服务的想法，而不要想做一个隐士。诗最后一句里的“虚舟”一
54 词，意指一个人正在做一件无法完成的事情。杜甫仿佛觉得自己科举并未落第而已经是未来的官员了。

题张氏隐居

春山无伴独相求，伐木丁丁山更幽。

涧道馀寒历冰雪，石门斜日到林丘。

不贪夜识金银气，远害朝看麋鹿游。

乘兴杳然迷出处，对君疑是泛虚舟。

——卷一，第二页

---

① 出自杜甫《题张氏隐居二首》。——译者注

自然，这些早期诗歌只有少量保存下来。杜甫当时还没有功成名就，尚未被称为“公”。“公”是现在的注释者对他的尊称，用以代替他的名字。再加上期间多年的战乱，这样的诗作极易遗失。

然而，留存下来的诗歌，却见证了这个年轻人以他敏
锐的鉴赏力和活泼的智慧，受到当时住在山东的人们的热 55

图9 欣赏画作

情接待。他描述了自己参加宴会、欣赏绘画、赏鉴马匹以及与人同游的场景。他也没有谦卑地接受他们更进一步的来往，绝对没有。许主簿冒着倾盆大雨前来拜访，并没有让他印象深刻，大概唐朝时的中国人跟他们的现代子孙一样不喜欢下雨。其实，杜甫想起了一个贫困潦倒却才华横溢的年轻人——秦朝的陈平，他以席为门，却听见简陋的门外响起了达官贵人的停车声。杜甫直接将自己和陈平进
56 行了心理对比。

对雨书怀邀许主簿

东岳云峰起，溶溶满太虚。
震雷翻幕燕，骤雨落河鱼。
座对贤人酒，门听长者车。
相邀愧泥泞，骑马到阶除。

——卷一，第四页

刘九法曹郑瑕邱石门宴集

秋水清无底，萧然净客心。
椽曹乘逸兴，鞍马到荒林。
57 能吏逢联璧，华筵直一金。

晚来横吹好，泓下亦龙吟。

——卷一，第三页

与任城许主簿游南池

秋水通沟洫，城隅进小船。
晚凉看洗马，森木乱鸣蝉。
菱熟经时雨，蒲荒八月天。
晨朝降白露，遥忆旧青毡。

——卷一，第四页

房兵曹胡马

胡马大宛名，锋棱瘦骨成。
竹批双耳峻，风入四蹄轻。
所向无空阔，真堪托死生。 58
骁腾有如此，万里可横行。

——卷一，第五页

画　鹰

素练风霜起，苍鹰画作殊。
㧐身思狡兔，侧目似愁胡。

绦镟光堪摘，轩楹势可呼。

何当击凡鸟，毛血洒平芜。

——卷一，第六页

在《巳上人茅斋》中，“上人”是唐朝对僧人的尊称，杜甫的语气跟他提到一个小官员时大不相同。许询和支遁都是东晋人，杜甫把他们跟自己和巳上人作比较。许询好游山水，对其友支遁的问题对答如流。杜甫也好游山水，但在这位巳上人面前，他感到灰心丧气、力不从心，愧对

59 自己的榜样许询。

巳上人茅斋

巳公茅屋下，可以赋新诗。

枕簟入林僻，茶瓜留客迟。

江莲摇白羽，天棘蔓青丝。

60 空忝许询辈，难酬支遁词。

——卷一，第五页

第二节　东都两年

开元二十九年和天宝早期

（公元741年—746年）

根据《杜诗镜铨》中年谱的记载，开元二十九年，杜甫游览了洛阳，并于寒食节在首阳山上祭祀了先祖。他还去了著名诗人宋之问位于首阳山的田庄遗址，这是杜甫祖父的一位朋友。宋之问虽然事业有成，但在此所作的诗却没有多大趣味。专横傲慢的武则天命令她的朝臣们进行赋诗比赛，宋之问也参加了。有一个叫东方虬的人首先写好，并被赐以宫女刺绣的锦袍。但随后宋之问也呈上了他的诗作，皇帝大喜，她又拿过锦袍，赐予了宋之问。他的诗作被人们珍藏，但是这座田庄早在公元 741 年就已经成了废墟。

过宋员外之问旧庄

宋公旧池馆，零落首阳阿。

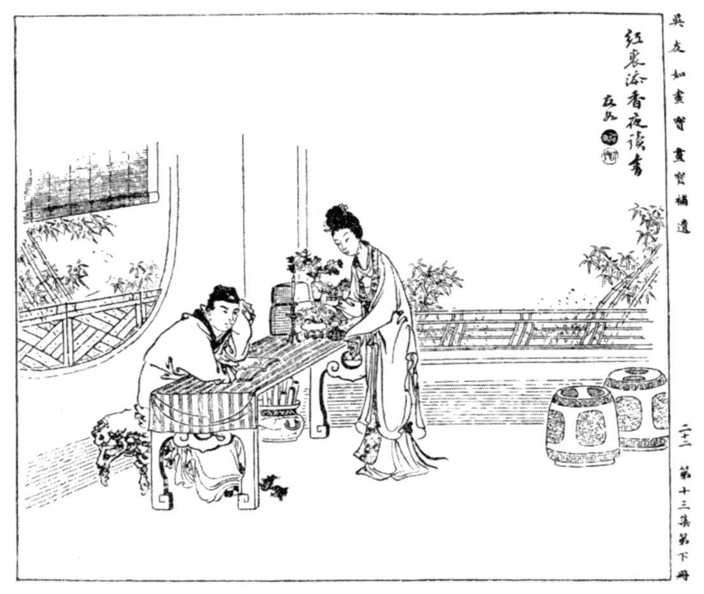

图10　婚姻美满

枉道秖从入，吟诗许更过？

……

61 ——卷一，第六页

次年元月，年号由开元（开始新的纪元）改为天宝（上天的珍宝）。杜甫依然待在洛阳，他为姑母写了墓志，姑母为官吏之妻，病逝于东京，但她的棺椁于六月迁至河河南县[1]。

这些墓志碑文在杜甫的散文中保存下来，似乎得到了高度的认可。天宝三载，他又为祖母写了一篇墓志，祖母也是官吏之妻，死在现在的开封附近的私宅里，但在八月葬于洛阳附近。通过另一篇碑文，杜甫结识了一位驸马，
不过这是后话了。 62

同一时期，杜甫拜访了多位亲戚，他的婚姻应该是美满的，尽管如此普通的事情并未被提及。他的妻子是崔氏[2]，后来诗人描述了许多深情的细节。他的朋友圈日益扩大，也参加了庆祝活动，心怀感激地回忆起在吴地的快乐旅程。中国人认为标题和诗歌同等重要，下面这首诗说明性的标题比诗歌本身还长。

天宝初，南曹小司寇舅，于我太夫人堂下，累土为山，一匮盈尺，以代彼朽木，承诸焚香瓷瓯，瓯甚安矣。

---

① 天宝元年，即公元 742 年，改东都为东京。唐代洛阳下辖河南县、巩县等数县。——译者注

② 杜甫的妻子为杨氏，是弘农县（天宝年间改灵宝县）司农少卿杨怡之女，名字不详。——译者注

旁植慈竹，盖兹数峰，嵚岑婵娟，宛有尘外格致，

乃不知兴之所至，而作是诗

63 一匮功盈尺，三峰意出群。

望中疑在野，幽处欲生云。

慈竹春阴覆，香炉晓势分。

惟南将献寿，佳气日氤氲。

——卷一，第九页

图11　想到扁舟

夜宴左氏庄

林风纤月落，衣露净琴张。

暗水流花径，春星带草堂。

检书烧烛短，说剑引杯长。

诗罢闻吴咏，扁舟意不忘。

——卷一，第七页

杜甫的一个弟弟已经进入仕途，此时正在临邑，距
离今天的济南不远。他在家书中谈及黄河的一次泛滥，在
中国历史上，黄河曾多次泛滥。杜甫不愧是真正的杜氏子 64
弟，沉迷于文学典故。上古时代，鼋鼍为周穆王架起一
座桥。喜鹊是中国的孩童都知道的吉祥之鸟，它们将
自己的翅膀连接起来搭建鹊桥横跨银河，让牛郎织女一
年能够相会一次。但是一个临邑的小官员，得不到任何人
的帮助。

杜甫回信的最后四句我没有在此引用，那是安慰和鼓
励兄弟的话语，但是用典非常复杂，如果没有无穷无尽的
注释，就无法理解。 65

临邑舍弟书至

二仪积风雨，百谷漏波涛。
闻道洪河坼，遥连沧海高。
职司忧悄悄，郡国诉嗷嗷。
舍弟卑栖邑，防川领簿曹。
尺书前日至，版筑不时操。
难假鼋鼍力，空瞻乌鹊毛。
66 燕南吹畎亩，济上没蓬蒿。
螺蚌满近郭，蛟螭乘九皋。
徐关深水府，碣石小秋毫。
白屋留孤树，青天失万艘。
……

67 ——卷一，第八页

第三节　与李邕和李太白的友谊

杜甫初遇李太白的确切时间，不得而知。李太白比杜甫年长十一岁，两人是同一时代的人。天宝三载三月，公元744年，李太白失宠于朝廷，离开了京城，四处游荡。他游历了梁宋，即今天河南的开封和归德[①]。正如《杜诗镜铨》的注释者所言，根据内在证据可以合理推断，李白、高适和杜甫三人一起登上了河南著名的吹台[②]。三位诗人在此“痛饮狂歌空度日”。杜甫此时已经三十三岁了，对李太白的邀约给予了热情的回应，最后又一同去了齐。不过，临行前，杜甫作了一首诗，其中提到的“青精

图12　李太白

① 归德，在今河南商丘。——译者注

② 吹台，在今河南开封市东南。上有禹庙，俗称禹王台。——译者注

饭”，据说乃仙家所服食，可延寿益颜。根据《辞源》，这种饭的做法是：用南天竹（中国人称为“天竹”）的枝叶
68 取汁浸米，蒸饭曝干。①

赠李白

二年客东都，所历厌机巧。野人对腥羶，蔬食常不饱。
岂无青精饭，使我颜色好？苦乏大药资，山林迹如扫。
李侯金闺彦，脱身事幽讨。亦有梁宋游，方期拾瑶草。

——卷一，第十一页

如前所述，齐位于今天的山东境内，在济南附近，杜
69 甫遇见了一位重要的名士——李邕，史称李北海。他们的相逢令人快意。李北海身居高位，他的车乘拥有皂盖朱帘。李邕有意相识一见，给这个年轻人带来巨大荣耀。他邀请杜甫参加在历下举行的宴会，李太白和高适也一同出席。事在天宝四载，公元 745 年。

---

① “青精饭”，即为今之乌米饭。《杜诗镜铨》中该句后注释其做法是“用南烛草木叶杂茎皮煮取汁”，《辞源》中“青精饭”词条下记录“采南烛枝叶，以其汁浸米”。植物学上，南烛属杜鹃花科；南天竹也叫天竹，属小檗科。二者并非同一种植物。此处原著有误。——译者注

陪李北海宴历下亭

东藩驻皂盖，北渚临青河。海右此亭古，济南名士多。
云山已发兴，玉佩仍当歌。修竹不受暑，交流空涌波。
蕴真惬所遇，落日将如何！贵贱俱物役，从公难重过。 70

——卷一，第十二页

图13 皂盖

书中紧接着下一首诗记述了他们在历下同游一亭的经历，并后附李邕的回复。这个亭子是员外李之芳新建的，此人与李邕有关系[①]，也是个有才华的文人。杜甫跟他保持了多年的联系。

此后不久，杜甫前往临邑探亲，就是探望之前写信谈及黄河泛滥的那个弟弟。途经此亭，他自然想起了当时不
71 在青关的李之芳，并称他为“词伯”。

暂如临邑，至嶓山湖亭，奉怀李员外，率尔成兴

野亭逼湖水，歇马高林间。鼍吼风奔浪，鱼跳日映山。

暂游阻词伯，却望怀青关。霭霭生云雾，唯应促驾还。

——卷一，第十四页

李太白也在济南，与杜甫一同游山玩水。李白在一首石门路的诗中曾说“登临遍池台”。二人之间感情深厚，这份感情经受住了时间的考验，并在双方的直言不讳中幸存下来。《松花笺》中收录了杜甫在这一时期所作的《赠李白》，他在诗中毫不客气地批评他的朋友“空度日”，虽然他天性就是“飞扬跋扈”。两人一道去拜访了某位范姓

① 李之芳为李邕从孙。——译者注

隐居者。李太白之前已造访过一次，但迷了路。虽然诗中所述并非杜甫陪同前往的这一次，但我还是忍不住要引用 72
于此：

寻鲁城北范居士失道落苍耳中见范置酒摘苍耳

李太白

雁度秋色远，日静无云时。客心不自得，浩漫将何之。
忽忆范野人，闲园养幽姿。茫然起逸兴，但恐行来迟。
城壕失往路，马首迷荒陂。不惜翠云裘，遂为苍耳欺。
入门且一笑，把臂君为谁。酒客爱秋蔬，山盘荐霜梨。
他筵不下箸，此席忘朝饥。酸枣垂北郭，寒瓜蔓东篱。
还倾四五酌，自咏猛虎词。近作十日欢，远为千载期。 73
风流自簸荡，谑浪偏相宜。酣来上马去，却笑高阳池。

杜甫对这次同往拜访的经历写得没有这么详细，我省去了诗的最后四句，因为太深奥，西方人难以理解。

农先生对小侍童的故事非常感兴趣，如果不懂得中国人对“原始美德”的信仰，就无法理解这个故事。“原始美德”并非“原罪”的教义，后者在他们看来似乎很神奇。中国传统教育体系的基础《三字经》，开头几句如下（我引用的是翟理斯教授的翻译）：

人之初，性本善。
性相近，习相远。
苟不教，性乃迁。
教之道，贵以专。

农先生指出，因此，重要的是，一个孩子要接受最高原则的训练，并由最优秀的榜样来塑造。“学者们，”他说，“在山林隐居时都会带着小侍童，传授他们的只能是智者必备的知识，所以，他们的心灵相当纯净，他们未被尘世污染，只有一个学者作为榜样可以效仿。”

翻译时我必须扩展一下，诗的第十一句中有三个字：
74 “闻”，即听见；“寒”即冷；“杵”，是一根木棒。对中国读者来说，这三个字常常连用，清晰地刻画出一幅秋天的图画：溪水旁的妇女，手拿捶衣杵，好像我们警察使用的警棍，在她们面前的石头上叠放着为过冬准备的厚棉布衣服，她们反反复复地拍打着、冲洗着。

与李十二白同寻范十隐居

李侯有佳句，往往似阴铿。余亦东蒙客，怜君如弟兄。

醉眠秋共被，携手日同行。更想幽期处，还寻北郭生。

入门高兴发，侍立小童清。落景闻寒杵，屯云对古城。

……

——卷一，第十五页 75

我们讨论李太白与杜甫之间的交往时，我要引用一首李白以“玩笑之话”写成的小诗，尽管严格来说，这首诗写于数年之后。李太白提到了杜甫喜欢戴的那顶独特的圆锥形草帽，这也和他的个性有关。在黄河岸边我的草屋大门上，挂着长条横幅图画，画中他就戴着这顶帽子，我们毫不费力地就让装修工人明白了我们想要什么。画中一同出现的李太白则戴着学者文人的帽子。两位诗人正在下围棋，群山、松树和梅花在背景中隐约可见，而前景则是小侍童们在忙着沏茶、温酒，用以提神。

戏赠杜甫

李太白

饭颗山头逢杜甫，顶戴笠子日卓午。
借问别来太瘦生，总为从前作诗苦。

在多年后的一首长诗中，杜甫对这一时期的游历作了回顾，我将开头部分引用于此：

昔　游

76 昔者与高李，晚登单父台。
寒芜际碣石，万里风云来。
桑柘叶如雨，飞藿共徘徊。
清霜大泽冻，禽兽有馀哀。
是时仓廪实，洞达寰区开。
猛士思灭胡，将帅望三台。
君王无所惜，驾驭英雄才。
……

——卷十四，第七〇一页

关于这段在齐游历的时期，杜甫没有给出更多的资料。时光飞逝，他的朋友们，欣赏、夸赞他的才华，肯定也催促他返回京城。可能正是在这些朋友的帮助下，在这一年里，他受邀为一位皇妃皇甫氏写墓志，准确地说，是一篇神道碑文。而且，他一定觉得自己没有权利断然拒绝，因为他有责任为国效力。不管怎样，天宝四载或五载，他返回了京城。他在《壮游》一诗中提及此事： 77

快意八九年，西归到咸阳。 78

中年时代

天宝五载—天宝十五载

（公元746年—756年）

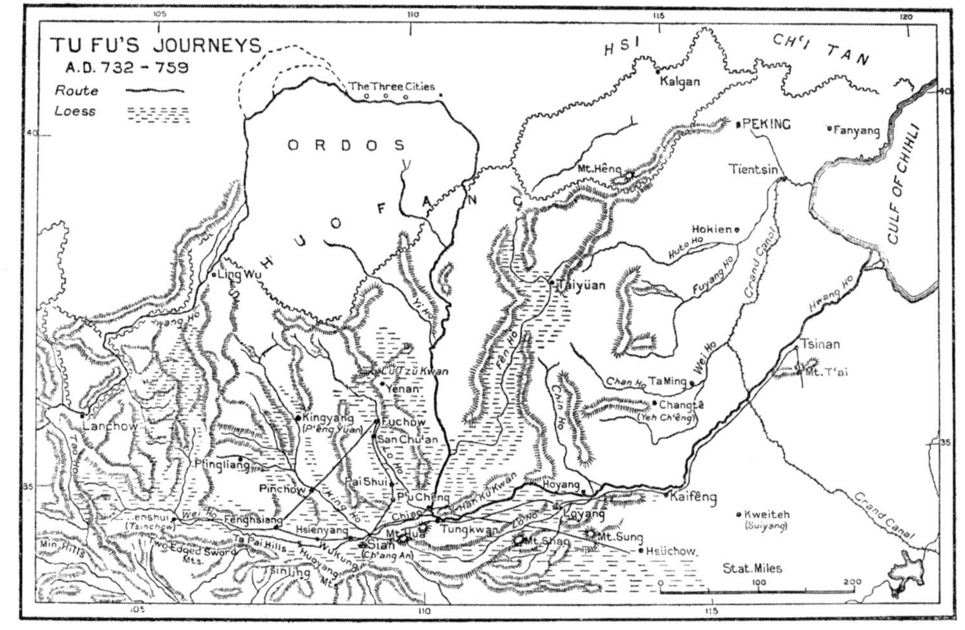

杜甫行程图（公元732年—759年）

第一节　返回京城

天宝五载

（公元746年）

杜甫沿着驿道过潼关的时间，是在天宝四载秋枝头挂满柿子一片金黄之际，还是在天宝五载春山丘上梅花盛开一片氤氲之时，无从断定。这一行程没有留下记载，但是他一定在夏天之前就走进了高大的长安城门，因为在这一时期的第一首诗中，他描述了夏季参加的一场宴会。宴会的主人叫郑潜曜，是郑虔之侄，杜甫跟郑虔很快就往来密切，杜甫对他也多有提及。郑潜曜是皇帝的驸马，明皇将女儿临晋公主下嫁于他，并赐以宅邸，杜甫就居住于此。临晋公主的母亲就是前一年杜甫为之撰写神道碑文的那位皇妃。

郑驸马宅宴洞中

主家阴洞细烟雾，留客夏簟清琅玕。

春酒杯浓琥珀薄，冰浆椀碧玛瑙寒。 81

误疑茅堂过江麓，已入风磴霾云端。
自是秦楼压郑谷，时闻杂佩声珊珊。

——卷一，第十六页

这样的场合令人愉快，杜甫沉迷于跟文人雅士的交往之中。在《壮游》中他写道：

许与必词伯，赏游实贤王。曳裾置醴地，……

“贤王”即李琎，皇帝的侄子，明皇长兄的长子，这个长兄因让出天子大位而被称为“让皇帝”。李琎被封为
82 汝阳王，饮酒天赋超乎常人，自封“酿王、酿部尚书”，并与其他七位名人组成了一个小圈子，自称为“饮中八仙”。杜甫发现，这位王爷的文学鉴赏力很强，是个意气相投的同伴，王爷接受了杜甫写的一首表示敬意的长诗，其中充满了礼貌用语和文学典故。

“饮中八仙”是否真的同一时期待在长安，还是猜测，但是杜甫在一首著名的诗中描述了他们，把每个人的名字与一些熟悉的趣闻轶事联系起来。著名书法家张旭，观看过公孙大娘舞剑而且印象深刻，至于其他“仙人”的故事

细节，读者可参见本书《术语表》。

饮中八仙歌

知章骑马似乘船，眼花落井水底眠。

汝阳三斗始朝天，道逢曲车口流涎，恨不移封向酒泉。 83

左相日兴费万钱，饮如长鲸吸百川，衔杯乐圣称避贤。

宗之潇洒美少年，举觞白眼望青天，皎如玉树临风前。

图14　苏晋

苏晋长斋绣佛前，醉中往往爱逃禅。

李白一斗诗百篇，长安市上酒家眠，

天子呼来不上船，自称臣是酒中仙。

84 张旭三杯草圣传，脱帽露顶王公前，挥毫落纸如云烟。

焦遂五斗方卓然，高谈雄辩惊四筵。

——卷一，第十六页

天宝五载除夕夜，杜甫在咸阳的一家小客栈里辞旧迎

图15　客舍

新。咸阳本是京城的一部分。这也是一个很重要的时刻，无人入睡，灯火通明，任何麻烦的阴影都不会使普天同庆的节日庆典黯然失色。 85

今夕行

今夕何夕岁云徂，更长烛明不可孤。
咸阳客舍一事无，相与博塞为欢娱。 86
冯陵大叫呼五白，袒跣不肯成枭卢。
英雄有时亦如此，邂逅岂即非良图？
君莫笑，刘毅从来布衣愿，家无儋石输百万。

——卷一，第十八页

于是，杜甫欣然迎来了天宝六载，一个新的出人头地的机会使他感到精神一振。他这样说道：

欻然欲求伸。[①]

皇帝可能下意识地感觉到需要新的辅佐人才，他心血来潮，而且意志坚定，他希望举行一场特别考试，让所有

① 出自《奉赠韦左丞丈二十二韵》，见后文。——译者注

的能人贤士都有机会展示他们的特殊才能。其中一名考生叫元结，在《喻友》一文中记述了此事，如下：

> 天宝六载
>
> 诏徵天下士，人有一艺者，皆得诣京师就选。相国晋
> 公林甫……悉令尚书长官考试……布衣之士无有第者，遂
> 87 表贺人主，以为野无遗贤。

杜甫和元结均应诏参加了考试，但也都落第未中，换句话说，他们考试都失败了。

于是明皇的美好愿望落空了，李林甫则加强了对朝廷的控制，这与其职权并不相称。一种无助而不思进取的态度开始阻碍国家的读书人，人们意识到，李林甫文化水平不高，而那些以圣书为生活经纬的人却才华横溢，李林甫下定决心不让自己与后者之间的对比差异更加突出。农先生谈到李林甫以及他自命学富五车时，语气十分严厉尖刻，还给我讲了一个这方面很有趣的故事。据说李林甫的妻弟喜得一子，李林甫写了一篇贺词，非常隆重。其中有一句“弄璋之庆”，即古人把璋给男孩玩，希望孩子将来有玉一样的品德，也祝福男孩能加官进爵。然而，李林甫

却把王字旁的“璋”写成了鹿字头的“麞”，所以他的贺词就变成了给孩子玩麞，这是一种无角、长有獠牙的鹿科动物，在河岸边常常能看见。他这种荒谬的做法，遭到了他的政敌们无情的嘲笑。这真是令人震惊！想象一下，李
林甫背负着一字之错的耻辱已经将近一千二百年了！ 88

第二节　与韦济的交往

天宝七载

（公元748年）

天宝七载，河南尹韦济，居于东京洛阳，升任尚书左丞。对这一官职，记录唐代官制的行政法典《唐六典》中这样描述：

左、右丞掌管辖省事，纠举宪章。

简言之，他们已是天子的主要阁僚，凡是他们认为不正确的事情，都要向天子汇报。在讨论这一高位时，农先生说："如果左丞去世或者被免职，这一职位通常会空缺很长一段时间，因为有足够学识能够胜任这一职位的人并不太多。韦济家学渊源，其父亲和两位兄长都曾官至宰相，他是个大学者。"

与我们接受的教育传统不同，"大学者"一词对一个在本土学校接受教育的中国人来说，具有丰富的含义，但是我们却难以理解。在他们看来，学者自然而然地拥有财富和生活的一切便利，而与学者交往应该是一种普遍追寻的荣誉。但是，在这些中国人眼里，一位成功学者必须履
行的最重要职责是在善政方面为天子谏言献策。因此，韦 89
济的事业堪称理想。这位大人对杜甫印象深刻，对他的前途也表示过关怀。有三首诗记下了这段友情。第一首写于韦济升迁之前，正如杜甫在诗前的注释中告诉我们的那样，韦济当时仍然担任河南尹，他亲自来打听这个年轻人的消息。当这位大人的马车驶到简陋的农舍时，村子里会有一阵何等的骚动啊！

甫故庐在偃师，承韦公频有访问，故有下句。

奉寄河南韦尹丈人

有客传河尹，逢人问孔融。

……

孔融，生活在公元三世纪，少有异才，杜甫把自己比作孔融。诗中大量用典，可谓名副其实的典故拼贴画，韦济一定心中欢喜，我不引用全诗了。不过，其中有几句能

够反映当时杜甫的境况：

90 鼎食分门户，词场继国风。

尊荣瞻地绝，疏放忆途穷。

……

江湖漂短褐，霜雪满飞蓬。

牢落乾坤大，周流道术空。

……

盘错神明惧，讴歌德义丰。

……

——卷一，第二十二页

第二首诗也是非常正式的、恭维的文学风格，如果我可以这样说的话。尽管杜甫在应试落第后不久就回到了东京，但这首诗可能是他还在长安时写下的。写给韦济的第三首也就是最后一首诗则大有不同。我感觉杜甫一定是跟这位老人有过私交，因而才会变得如此亲密。他写得毫无

91 保留，按照事情发生的先后顺序详细叙述了生平事件，并对无法感谢韦济的好意表示了深深的歉意。在回报恩惠这一点上，中国人仍然是非常谨慎的，用一句流行的谚语来

说就是："在家不会迎宾客，出门方知少主人。"

在经历了第二次落第的极度失望之后，杜甫开始意识到，强大到无法对抗、邪恶到任何一个正直的人都无法接受的力量，正在联合起来阻止所有年轻的读书人获得官职。这首诗是他发自内心深处的呐喊。

奉赠韦左丞丈二十二韵

纨绔不饿死，儒冠多误身。丈人试静听，贱子请具陈。

图16　儒和他的"琴"

92 甫昔少年日，早充观国宾。读书破万卷，下笔如有神。

赋料扬雄敌，诗看子建亲。李邕求识面，王翰愿卜邻。

自谓颇挺出，立登要路津；致君尧舜上，再使风俗淳。

此意竟萧条，行歌非隐沦。骑驴三十载，旅食京华春。

93 朝扣富儿门，暮随肥马尘；残杯与冷炙，到处潜悲辛。

94 主上顷见征，欻然欲求伸。青冥却垂翅，蹭蹬无纵鳞。

甚愧丈人厚，甚知丈人真。每于百僚上，猥诵佳句新。

窃效贡公喜，难甘原宪贫。焉能心怏怏？只是走踆踆。

今欲东入海，即将西去秦。尚怜终南山，回首清渭滨。

95 常拟报一饭，况怀辞大臣。白鸥没浩荡，万里谁能驯？

——卷一，第二十四页

第三节　东京

天宝八载冬

（公元749年）

在应试落第之后，杜甫回到洛阳附近的“小茅屋”暂住。洛阳即东京，很早便已成为一个历史中心。然而，诗集中的下一首诗涉及的并不是古代的遗迹，而是一座当时相对较新的纪念性建筑——老君庙。老君即老子，道家的创始人，逝于公元前六世纪，常被尊称为“老君”，“君”为尊贵的人。

虽然老子出生的传说已经讲过很多遍，但我不得不再次重复，因为他说的第一句话跟一千二百多年后发生一件事情有关。老子一出生就是白眉白发，他母亲躺在一棵李树下，老子身在母亲左侧，他说出的第一句话便是“我以这棵树为姓”。如今唐王朝的皇家同姓李，他们在公元618年荣登大宝、建立了唐朝。三年后，一人行于羊角山，遇见一位白发苍苍、身着飘逸白色长袍的老者。老者说道：“请告诉唐朝天子，老君我是他的祖先。”此话转达

至当时的皇帝唐高祖，龙心大悦，也充满敬畏。他下令立
96 即在仙人现身之地举行祭祀，并尽快修建庙宇供奉老君，尊其为“玄元皇帝”，意为神圣的最高统治者。

对伟大祖先的崇拜逐渐发展，并成为具体化的道教，或多或少就像我们今天所知道的那样。但是，唐朝建立于创始人去世一千二百年以后，道教所采用的形式与道家深奥的思想学说几乎没有联系。专横的武皇登基后，道教一时暗淡，佛教则影响日盛。不过，明皇重建李唐天下后，他驱逐了佛教僧侣，恢复了道教崇拜及其附带的魔幻操作。

据我们所知，开元二十九年，即公元741年，明皇“研习并修炼了”道家经典——《道德经》中所述之“道”，在两京和各州均建立一座老君庙，天宝二载，公元743年，他亲自前往京城的老君庙进行祭祀，“在神龛前举起双手以示敬意”，并下令将京城的老君庙改名为“太清宫”。

自此，道教基本成了国教，为此而建的道教庙宇也无愧于那些修建者们。明皇召见了著名画家吴道子，令其装饰老君庙的墙壁。吴道子能以高超的技艺描绘“人物、佛像、神鬼、山水、台殿、草木”，他一定绘制了无比精美的壁画！

天宝八载六月，明皇举行盛大仪式，为之前李唐王朝的五位皇帝追加“圣人”称号。这是一个为人类完美典范 97
所保留的称号。五位先祖被尊称为“五圣”。杜甫提到了吴道子所画的《五圣图》，由此我们可推断他到访的日期：一定在公元 749 年之后。

我希望我可以引用这首诗，诗写得非常有趣，但是为理解意思而进行必要的解释就要占去数页篇幅。杜甫在一个冬日前往老君庙，他描写了“初寒的碧瓦”，以及“金茎”，就是一根金属柱子，顶端有一只巨大的手以承接露水，而露水则被道家的炼丹师们广泛使用。他写道：

山河扶绣户，日月近雕梁。①

他指的是，皇帝举行仪式时，身着龙袍，头顶的冠冕上垂有珍珠串；一千名官员排列成大雁队形陆续进入；翠柏掩映着阴影，梨子因霜冻而变红；风吹拂着附于“玉柱”上的簧片，演奏出悦耳的曲调；“露井”上方的“银

① 出自《冬日洛城北谒玄元皇帝庙》。——译者注

床”冰裂而发出噼啪声。事实上，他的笔触充满了生命的动感。在洛阳以北的邙山上重新建造起一座久已矗立的殿堂。洛阳是“创造之都”，由老君掌管，而老君是神圣的、
98 至高无上的统治者。

第四节　长安

天宝九载—天宝十载

（公元750年—751年）

洛阳距离西京并不遥远，显然杜甫经常往返于两地。这一时期，杜甫给远游吴越的李太白写了两首诗，其中一首，据研究可能是在洛阳时写的。在此我只引用几句：

冬日有怀李白

寂寞书斋里，终朝独尔思。

……

短褐风霜入，还丹日月迟。

……

——卷一，第三十一页

另一首《春日忆李白》则必定写于长安一带，因为诗中杜甫提到了渭河。这首诗收在《松花笺》中。

此时的京城百姓正在为高仙芝将军的胜利而激动万

分。高仙芝，高句丽人，为明皇效忠。几年前，他率军远征越过帕米尔高原，天宝八载，入朝觐见天子，奏报凯
99 旋。杜甫一生爱马，他为将军那匹著名的深色战马写了一首《行》[①]。显然，那是一匹长有斑纹的马，中国人称之为“花马”。杜甫说“五花散作云满身”，还说“长安壮儿不敢骑”。那匹马一定极其暴烈难驯，因为长安那些强壮的年轻人生活在一个养马的国度，都是专业的骑手。

天宝伊始，帝国不同边境上部落间的矛盾日趋尖锐，但是杜甫第一次提到征兵是在他返回京城的这一年。有注释如下：

玄宗季年，穷兵吐蕃，征戍绎骚内郡几遍。诗故托为从征者自诉之辞。

兵车行

车辚辚，马萧萧，行人弓箭各在腰。
100 爷娘妻子走相送，尘埃不见咸阳桥。
牵衣顿足拦道哭，哭声直上干云霄。

---

① 即《高都护骢马行》。——译者注

道旁过者问行人，行人但云点行频。
或从十五北防河，便至四十西营田。
去时里正与裹头，归来头白还戍边。
边庭流血成海水，武皇开边意未已。
君不闻汉家山东二百州，千村万落生荆杞。
纵有健妇把锄犁，禾生陇亩无东西。 101

图17　生女

况复秦兵耐苦战，被驱不异犬与鸡。

长者虽有问，役夫敢伸恨？

且如今年冬，未休关西卒。

县官急索租，租税从何出？

信知生男恶，反是生女好：

生女犹得嫁比邻，生男埋没随百草。

君不见青海头，古来白骨无人收。

102 新鬼烦冤旧鬼哭，天阴雨湿声啾啾。

——卷一，第三十三页

无官一身轻，杜甫闲来无事去游览名胜，这是他可以自由利用的机会。有一首诗常被引用，诗中记述了他与高适等一行人去京城东部游览慈恩寺塔。这座塔有六层，高三百英尺[①]，至今尚存。1922 年，喜龙仁博士（Dr. Sirén）访问曾经的长安时也去过。这座塔名为“大雁塔”，公元
103 645 年，唐朝高僧玄奘从印度取回佛经后修建。我略去了其中意义含糊的四句，杜甫以比喻的手法批评了明皇和他最宠爱的杨贵妃。

---

① 《杜诗镜铨》中注释为“高三百尺”。——译者注

同诸公登慈恩寺塔

高标跨苍穹，烈风无时休。自非旷士怀，登兹翻百忧。
方知象教力，足可追冥搜。仰穿龙蛇窟，始出枝撑幽。
七星在北户，河汉声西流。羲和鞭白日，少昊行清秋。 104
秦山忽破碎，泾渭不可求。俯视但一气，焉能辨皇州？

……

黄鹄去不息，哀鸣何所投。君看随阳雁，各有稻粱谋。

——卷一，第三十五页

如果我的读者没有领会最后一行的意思，我想说，觅食的鸟儿让杜甫想起了玄宗的朝臣们，每个人都在追求个人利益。

无官无职，也有弊端。杜甫穷困潦倒。也许，使他的生命变成真正的殉道的疾病也已经初露端倪；无论如何，他现在得了严重的疟疾，有个王生对他照顾有加。

病后过王倚饮赠歌

麟角凤觜世莫识，煎胶续弦奇自见。 105
尚看王生抱此怀，在于甫也何由羡？

且过王生慰畴昔，素知贱子甘贫贱。
酷见冻馁不足耻，多病沈年苦无健。
王生怪我颜色恶，答云伏枕艰难遍：
疟疠三秋孰可忍？寒热百日交相战。
头白眼暗坐有胝，肉黄皮皱命如线。
106 惟生哀我未平复，为我力致美肴膳。
遣人向市赊香粳，唤妇出房亲自馔。
长安冬菹酸且绿，金城土酥静如练。
兼求畜豪且割鲜，密沽斗酒谐终宴。
故人情义晚谁似？令我手脚轻欲旋。
老马为驹信不虚，当时得意况深眷。
但使残年饱吃饭，只愿无事长相见！

——卷一，第三十七页

“啊，”我们一起读诗时，农先生说，“王生也不富裕，但他是个好朋友。我们从诗句中可见他的贫穷：他没有仆人可派去集市，所以不得不请邻居代劳，他叫他的妻子出
107 房亲自给杜甫做饭。这证明了二人之间深厚的友情！”

但是杜甫并没有完全依赖朋友的帮助，一些杜家的亲族当时住在长安。比如，杜甫写信给他的从孙，就是他父

亲哥哥的儿子的儿子的儿子！中国人的亲戚关系很有可能让一个译者绝望地扔掉他的作品，所指的程度千变万化而又细致入微。不过，我还要说，这个从孙就是他“堂兄的孙子”，这首诗用诗歌典故暗示同根同源的人应该保持亲密的感情。

示从孙济

平明跨驴出，未知适谁门。
权门多噂沓，且复寻诸孙。
诸孙贫无事，客舍如荒村。
堂前自生竹，堂后自生萱。 108
萱草秋已死，竹枝霜不蕃。
淘米少汲水，汲多井水浑。
刈葵莫放手，放手伤葵根。
阿翁懒惰久，觉儿行步奔。
所来为宗族，亦不为盘飧。
小人利口实，薄俗难具论。
勿受外嫌猜，同姓古所敦。

——卷一，第三十九页

图18　身着皮袍的杜位

另一个亲戚是杜甫的族弟杜位，他拥有更多的财富，杜甫叫他“弟弟”，但并不意味着他跟杜甫就是真正的兄弟，虽然他们的确是同辈人。杜位娶了李林甫弟弟的女儿[①]，自然也分享了岳伯父的好运气。从杜甫的描述中可见，他的家必为宽宅大院，为过年装饰得很华丽。他提到的“椒盘”是纯装饰性的；闪亮的小袋子，都是喜庆的朱

① 杜位娶的是李林甫的女儿。——译者注

红色，被仔细地安放在一个大的浅口盘子里，以提供适当 109
的装饰。新年来到，每一个人都认为自己增长了一岁，杜甫说，从天宝十载开始他就是个四十岁的人了。

杜位宅守岁

守岁阿戎家，椒盘已颂花。 110
盍簪喧枥马，列炬散林鸦。
四十明朝过，飞腾暮景斜。
谁能更拘束？烂醉是生涯。

——卷一，第四十页

天宝十载正月的最后一天，杜甫参加了在乐游原举办的一次宴饮，自汉朝起，这里便是一处游乐之地。根据《两京新记》的记载，明皇强悍的姐姐太平公主[①]在此地修建了一座亭子，“每正月晦日、三月三日、九月九日她都来此游赏”。这个园子显然是对公众开放的，记载中随后描述了当时举行的欢乐聚会，并在结尾处写道：“朝士词人赋诗，翌日传于京师。”[②]杜甫谈到了盛宴，说在园中

① 太平公主是唐明皇的姑母。——译者注

② 见《两京新记》。——译者注

图19 翩翩起舞的少女

“(地)势最高”，提到了跳舞的美人，她们的舞袖“拂水低回”，他把酒称为“一物”，诗的结尾两句为：

111 此身饮罢无归处，独立苍茫自咏诗。①

这秀丽而令人愉悦的乐游原坐落于长安城南的丘陵之中，距离杜甫出生的杜陵村庄不远，那年秋天，杜甫想回

① 出自《乐游园歌》。——译者注

到南杜村或者北杜村居住[①]。这一事实来自三首用新形式写成的小诗：每首诗包含五句。杜甫对自己的创新非常满意，他说：

即事非今亦非古。[②]

他进一步叙述了这件事对听者的影响：

弟侄何伤泪如雨？[③] 112

这三首诗写于曲江，这个地方我们会常常听见，意为弯曲的河或曲折的河。我引用第一首和第三首。第三首结尾处提到的李广，是历史上一位著名的军事将领。他生活及狩猎的山林，正是杜甫打算盖一间茅屋的地方，历史记载了他与一只老虎的相遇——确切地说那是一块石头，他

① 杜甫出生在河南巩县，今河南巩义。现在所说的“杜陵”，通常指西汉宣帝刘询的陵墓，在今西安市雁塔区三兆村，位于少陵原最北部。杜甫所说的“杜陵”，在今西安市长安区东、少陵原东南端，古代杜氏贵族世居于此，故唐代设立地名“杜曲”，后又在其南设地名“杜固”，后世便称杜曲为北杜，杜固为南杜。——译者注

② 出自《曲江三章章五句》第二首。——译者注

③ 出自《曲江三章章五句》第二首。——译者注

误以为是老虎。他最突出的特点是语言极度贫乏，至少在这一点上，很难说杜甫是在模仿他。

曲江三章章五句

一

曲江萧条秋气高，
菱荷枯折随风涛。
游子空嗟垂二毛。
白石素沙亦相荡，
哀鸿独叫求其曹。

三

113 自断此生休问天，
杜曲幸有桑麻田，
故将移住南山边：
短衣匹马随李广，
看射猛虎终残年。

——卷二，第四十四页

杜甫的下一首《行》论及贫穷与友谊。关于同胞的友谊这一主题，农先生也有长篇大论，例证就是管仲和鲍叔牙的故事。他们虽然生活在距今七个世纪之前的时代，但是只要提到这两个名字，仍然意味着富人与有才华的穷人之间理想的友谊。通过鲍叔牙的举荐，身无分文的管仲成为一国宰相，他最能胜任这个职位。二人友谊不曾断绝，没有“翻云覆雨”，这个比喻常用于表达破裂的友谊。

贫交行

翻手作云覆手雨，纷纷轻薄何须数？ 114

君不见管鲍贫时交，此道今人弃如土。

——卷二，第四十六页

我自己观察到的事件证明，中国人的友谊纽带比西方人更加紧密，而被认为是友谊固有的责任也要繁重得多——有很多人逃避这些责任。

如果杜甫所遭受的待遇，加上众所周知的不幸事实——我是说，朝廷的铺张浪费、贪污腐败，甚至混乱无序——这些都对他没有影响的话，那就是无稽之谈。讽刺和玩世不恭的调子在诗句中越发明显，这的确是个小小的奇迹。《白丝行》当然有比喻意味。杜甫指的是他自己、

他的真诚，也附带指的是皇城红墙后肆无忌惮的挥霍。

白丝行

115 缫丝须长不须白，越罗蜀锦金粟尺。
象床玉手乱殷红，万草千花动凝碧。
已悲素质随时染，裂下鸣机色相射。
美人细意熨帖平，裁缝灭尽针线迹。
春天衣著为君舞，蛱蝶飞来黄鹂语。
落絮游丝亦有情，随风照日宜轻举。
香汗轻尘污颜色，开新合故置何许？
君不见才士汲引难，恐惧弃捐忍羁旅。

116 ——卷二，第四十七页

第五节　边境战争

然而，宫廷的混乱并非恐惧和痛苦的唯一原因。此时，边境的战争火速增加，这些战争并不全是防御性的、合法的。绝对不是。天子似乎痴迷于开疆拓土，而实现欲望最有用的工具之一就是脾气火爆的哥舒翰将军。他的名字将与后来的悲剧事件联系在一起。

天宝六载，哥舒翰被任命为统辖西北诸省的长官，他前往玉门上任。玉门是通向中亚的门户。当时杜甫写了一组诗共九首，都跟哥舒翰指挥的这些战事有关。这些诗也清楚地表明了他自己对这些战争的看法。

中国有几个词语，西方读者可能觉得奇怪。在第二首诗中，应征入伍的士兵使用了“出门”一词，这个表达也用于女儿出嫁或儿子出家为僧。在这几种情况下，个人不再被视为氏族成员。“骨”和“肉”这两个词指的是父亲和母亲：“骨”被认为继承自父亲，而“肉”则来自于母亲。

在第三首诗中，麒麟阁是一座名人堂，那里悬挂着功成名就的将军的画像。

第四首诗的开头一句表明，应征入伍者是家庭中的一

117 员，并非孤身一人；“长”是指他自己的亲属，他要对他自己的身体负责，因为那只属于氏族所有。《礼记》中规定，人死后去到阴间，其身体应该与出娘胎时一样完整，这就是中国人强烈反对截肢或任何肢体残缺的主要原因。在中国最近的动乱中，我的一个朋友曾在路边看到一个妇女小心翼翼地把她丈夫的头颅缝到他的尸身上，以便让他能完整地到达彼岸。“六亲”是指父、母、兄、弟、妻子和儿

图20　棉衣

子，而中国人理想的幸福是，全家人一起耕种，共同为生活努力奋斗。 118

在第九首诗中，杜甫以痛苦的反思结束。他认为，虽然学习与和平的艺术应该带来最令人垂涎的回报，但是在目前的冲突情况下，人们的雄心壮志最好是通过四方的军事胜利来实现。

第六首诗收入《松花笺》中，在此略去。

前出塞

一

戚戚去故里，悠悠赴交河。
公家有程期，亡命婴祸罗。
君已富土境，开边一何多？
弃绝父母恩，吞声行负戈。

——卷二，第四十八页

二

出门日已远，不受徒旅欺。
骨肉恩岂断？男儿死无时。 119
走马脱辔头，手中挑青丝。

捷下万仞冈，俯身试搴旗。

——卷二，第四十八页

三

磨刀呜咽水，水赤刃伤手。

欲轻肠断声，心绪乱已久。

丈夫誓许国，愤惋复何有？

功名图麒麟，战骨当速朽。

——卷二，第四十八页

四

送徒既有长，远戍亦有身。

120 生死向前去，不劳吏怒嗔。

路逢相识人，附书与六亲。

哀哉两决绝，不复同苦辛！

——卷二，第四十八页

五

迢迢万里余，领我赴三军。

军中异苦乐，主将宁尽闻？

隔河见胡骑，倏忽数百群。
我始为奴仆，几时树功勋？

——卷二，第四十九页

七

驱马天雨雪，军行入高山。
径危抱寒石，指落层冰间。
已去汉月远，何时筑城还？ 121
浮云暮南征，可望不可攀。

——卷二，第四十九页

八

单于寇我垒，百里风尘昏。
雄剑四五动，彼军为我奔。
掳其名王归，系颈授辕门。
潜身备行列，一胜何足论？

——卷二，第四十九页

九

从军十年余，能无分寸功？

众人贵苟得，欲语羞雷同。

中原有斗争，况在狄与戎？

丈夫四方志，安可辞固穷？

——卷二，第五十页

脾气火爆的哥舒翰不是学者，事实上，他只是粗通文
122 墨，但是他对学识的尊重值得称赞，他任命诗人高适为掌书记，就是同杜甫在山东相遇、之后又一同登上了慈恩寺塔的那位高适。我们不知道哥舒翰究竟是如何吸引高适的，但是能说服诗人追随他的，必定有实质性的理由。

实际上，高适在长安等待合适的职位，但却一直怀才不遇，便心生厌倦。从他的诗句中我们得知，他不满于卑微的县尉之职，却又不得不担任该职。县令自己不喜欢进行审讯，而审讯历来就是中国本土司法体系的一个组成部分，他们便委托尉来执行。尉必须让这个可怜的受害者认罪，并监督鞭打他，使他铭记于心——这可真个苦差事！中国的司法理论与我们的相反，它假定无罪，直到罪行得到证明。作为建立在集体家庭责任和榜样力量基础之上的社会制度的产物，中国的制度在实践中可能不像看上去的那么不合理。一位在湖南监狱里工作过的经验丰富的传教士曾告诉我说，在他看来，几乎没有非法拘留的案例。这个问题过于复杂，无法细说，但有一点是肯定的：惩罚理论，如果与产生它的社会制度相脱离，就会极端残酷。高适悲伤地写道：

鞭挞黎庶令人悲。[①] 123

然而，边疆的生活肯定困难重重。也许他觉得在哥舒翰麾下任职，可能会打开通往更伟大事业的大门——事实也确实如此。当时在京城聚集了一批才华横溢的诗人，直到临终前还保有官职的，唯有高适一人而已。至于杜甫，他认为，在玉门附近担任一个官职，而上司却胸无点墨，这无异于流放，显然有损于一个学者的尊严——何况还是年届五十的学者。不过，他还是作诗一首送别高适，随后又致简短笺函祝贺其进一步升迁。在这里，他提到了高适奉将军之命所写的胜利诗，并悲伤地谈到他自己误用了机会，就此，他使用了中文的词汇——“蹉跎”。

有一条注释说明了军事形势。在甘肃积石军营地，每

① 出自高适《封丘作》。——译者注

年麦熟时节，不事耕种的吐蕃便率部越境来袭，劫掠谷物。这种情况频繁发生，以至于边民们把这些营地和他们自己的农庄共称为“吐蕃麦庄”。天宝六载，哥舒翰在行进的吐蕃部落两侧设伏，紧跟其后，断其退路，然后发动进攻，将其歼灭，“无一人成功返回村庄”。哥舒翰乘胜追击，越境而入，吐蕃则节节败退，把哥舒翰引进了沙漠地
124 带。杜甫恳请高适劝谏哥舒翰知足守边。

送高三十五书记十五韵

崆峒小麦熟，且愿休王师。请公问主将：焉用穷荒为？
饥鹰未饱肉，侧翅随人飞。高生跨鞍马，有似幽并儿。
脱身簿尉中，始与捶楚辞。借问今何官，触热向武威？
125 答云一书记，所愧国士知。人实不易知，更须慎其仪。
十年出幕府，自可持旌麾。此行既特达，足以慰所思。
126 男儿功名遂，亦在老大时。常恨结欢浅，各在天一涯。
又如参与商，惨惨中肠悲。惊风吹鸿鹄，不得相追随。
黄尘翳沙漠，念子何当归。边城有余力，早寄从军诗。

——卷二，第五十页

图21　幽并儿

寄高三十五书记

叹惜高生老，新诗日又多。

美名人不及，佳句法如何？

主将收才子，崆峒足凯歌。127

闻君已朱绂，且得慰蹉跎。

——卷二，第五十三页 128

第六节　三大礼

天宝十载

（公元751年）

据我所知，中国没有类似于潘多拉神话的传说来解释希望的存在，然而希望是神圣而普遍的存在，中国人跟我们一样容易屈服于它的影响。而杜甫，虽然一直怀才不遇，但仍然满怀希望。

他的希望似乎不无道理。新的机会出现了，他抓住了它，不妨这样说，他用双手牢牢地抓住了希望。众所周知，天宝十载，明皇要举行三大礼：

第一，天子赴太清宫，祭祀祖先玄元皇帝——老子。

第二，天子赴太庙，祭拜本朝历代先皇牌位。

第三，天子赴京城南郊，祭祀天地，为谋求人民的福祉，他也会视察他们的田地。

随即，杜甫为三大礼创作了《三大礼赋》。他的朋友，就是我在前面提到过的皇帝的侄子，人称酿王、曲部尚书
129 的，设法将这三篇文章进献给了他的皇叔。当杨贵妃和皇

帝在贵妃寝宫蓬莱宫中宴饮之时，《三大礼赋》真正展现在皇帝面前。因为对艺术的狂热，明皇成为一位真诚的赞助人，文章受到了明皇的赏识。看看杜甫本人是怎么说的：

天子废食召，群公会轩裳。[①]

这是一次真正的胜利。杜甫所说的“群公”，是指聚集在集贤院的学者和人才，他们在那里等待考试，有时也可能是在等待进一步的诏令。某些古代记载声称进献《三大礼赋》是在天宝十三载，但是内部证据压倒性地支持是在天宝十载，更不用说盛典本身就是在当年举行的。数年之后，杜甫漂泊西南，他向青衣幕府文人介绍时描述了这一场景。

忆献三赋蓬莱宫，自怪一日声辉赫。
集贤学士如堵墙，观我落笔中书堂。
往时文采动人主，……[②] 130

① 出自《壮游》。——译者注
② 出自《莫相疑行》。——译者注

至于《三大礼赋》本身，我不会尝试用典故来华丽地描绘中国宇宙论中的一切，无论是真实的还是传说中的。然而，杜甫在散文式的前言中成功地表达了“他的秘密思想”，尽管他用传统的措辞加以掩饰，但却很有趣，内容如下：

> 臣甫言：臣生长陛下淳朴之俗，行四十载矣。与麋鹿同群而处，浪迹于陛下丰草长林，实自弱冠之年矣。
>
> 岂九州牧伯，不岁贡豪俊于外？
>
> 岂陛下明诏，不仄席思贤于中哉？
>
> 臣之愚顽，静无所取。以此知分，沈埋盛时，不
> 131 敢依违，不敢激讦，默以渔樵之乐，自遣而已。
>
> ……
>
> 适遇国家郊庙之礼，不觉手足蹈舞，形于篇章。漱吮甘液，游泳和气。声韵寖广，卷轴斯存。抑亦古诗之流。希乎述者之意。然词理野质，终不足以拂天听之崇高，配史籍以永久。
>
> 恐倏先狗马，遗恨九原。
>
> 谨稽首投延恩匦献纳上表。
>
> ……
>
> 臣甫诚惶诚恐，顿首顿首，谨言。

在集贤院的数月时光，身边围绕着志趣相投的伙伴，
那时的杜甫一定是最快乐的，现在，他已年届四十，美好
时光一去不复返了。诚然，皇宫里的铺张浪费引起了各阶 132
层人民的极大不满；此外，李林甫日益增长的权势是最令
人不安的；但是，机会之路再次开启，杜甫也许能实现他
在写给韦济的诗中所表达的雄心壮志：

致君尧舜上，再使风俗淳。

与此同时，他也在准备天宝十一载的召试文章。

考试开始了。人称“天老”[①]的李林甫，坚持要亲自担任这场考试的主考官。他把“杕”字误认为“杖”字，暴露了自己书法知识的浅薄，又一次成为了学者们的笑柄。一千两百年后，我这个卑微的译者，在这件事情上，不由得暗暗同情李林甫：这两个汉字外形上的差异极其细微，用毛笔写字时笔触稍有不同，但意义相去甚远！啊！我跑题了。

① “天老”指宰相。——译者注

由这样一个无能的人掌控的考试，最终只会沦为笑话——然而，笑话的受害者却要承受严重的后果。在这些受害者之中，也包括杜甫的儿子。

失败意味着离开集贤院，离开集贤院内的知识分子生
133 活，离开杜甫曾经为之欢欣鼓舞的学者们。他能够得到的唯一安慰是，天子本人对他的《三大礼赋》青眼有加，他的赞赏确保了这三篇文章在档案中得以保存。这本身就是一个了不起的胜利。中国有句谚语，表达了让高层注意到一件事情的困难：“任你官清似水，难逃吏滑如油。”

杜甫作诗向集贤院的负责官员致谢，然后离去。

奉留赠集贤院崔于二学士

昭代将垂白，途穷乃叫阍。气冲星象表，词感帝王尊。
134 天老书题目，春官验讨论。倚风遗鶂路，随水到龙门。
竟与蛟螭杂，徒闻燕雀喧。青冥犹契阔，陵厉不飞翻。
儒术诚难起，家声庶已存。故山多药物，胜概忆桃源。
欲整还乡旆，长怀禁掖垣。谬称三赋在，难述二公恩。

135 ——卷二，第五十五页

第七节　杜曲

天宝十载

（公元751年）

离开京城后，杜甫回到了杜氏家族“扎根”的村庄，但是发现那里的人变化很大。在《壮游》一诗中，杜甫谈到这个时期，用语独特，但是我在今天却听见人们使用过上百次了。退隐的学者们认为，官场不得入，但仍要保住自己的荣誉，他们说：“不使高洁沾污玷。”

脱身无所爱，痛饮信行藏。
黑貂宁免敝？斑鬓兀称觞。
杜曲换耆旧，四郊多白杨。

在中国人看来，风吹白杨树的沙沙声听起来特别阴沉悲伤，倍增凄凉，杜甫感受到了心酸痛楚。

京城仅在十六英里以外，消息一定很快就能传来，不久就有传闻说那个可恨的李林甫病倒了。天宝十一载十

月，又传来了他的死讯。不到一个月，杨国忠继任成为右
136 相，他是受宠的杨贵妃的族兄。

每个人都意识到一个新的时代开始了，但是对于这个国家的前途，人们的心情一定很沉重，而且疑虑重重。《唐书》中说杨国忠不辨是非，为同宗族人所不齿。他几年前开始得势，部分是因为与杨贵妃的关系，但主要还是得益于一个叫鲜于仲通的四川人给予其经济援助。这个鲜于仲通是个大富豪，凭借与杨国忠的关系也升迁到了高位。杨国忠出任右相以后，仲通请为其刻颂词碑立于尚书省门前。《杜诗镜铨》里的下一首就是杜甫为此事给鲜于仲通献上的诗作。

尽管杨国忠名声不佳，但可能人们还是希望责任感能够激发他更好的一面，希望国家的战车能比以往更加有力地前行，尤其是如果他能选贤任能。事实证明，这些都只是幻想。宫廷的勾心斗角愈演愈烈，宫内的铺张浪费也超越了礼制。在《壮游》一诗中，杜甫这样写道：

国马竭粟豆，官鸡输稻粱。
137 举隅见烦费，引古惜兴亡。

第八节　杨氏家族崛起

天宝早期

上一首摘录的诗中，“举隅”一词出自孔子。孔子曾经指出，如果一个人看到了事物的一角却不能了解其全部，就不值得教！在长安城一天天被掀开的角落里，人们清清楚楚地看到，在“迷人的女士们”的影响下，那个曾经直率、纯朴、自制的明皇正在变成一个痴迷的老人。

杨玉环，众所周知的贵妃——皇帝高贵的妃子——持续得宠。《唐书》对于她的描述，我来翻译一下，书中说她“聪明颖悟，智算过人”，“每倩盼承迎，动移上意”。宫中称呼她为“娘子”，待遇等同于皇后。而她的三个姐姐皆有才貌，都被封了“国夫人”之号。大姐叫韩国夫人，三姐妹中最迷人的叫虢国夫人，最后是秦国夫人。令朝廷震惊的是，这三位夫人虽然都已婚嫁，却并承恩泽，在宫掖随意出入。除了姐姐，杨家的兄弟们也如愿得到了皇帝的提拔。事实上，“杨氏五家”在京城成了一个代名词——即指杨家三姐妹和两兄弟的飞黄腾达。他们每有请

图22　杨贵妃和鹦鹉

138 托，人们都奔走照办，胜过皇帝诏旨。四方官员奉献财宝施行贿赂，“其门如市”，喧闹之声令人不堪忍受。

天宝五载七月，明皇与贵妃之间产生了严重分歧，双方都非常愤怒。分歧的原因并不重要。当时正值入秋的第一个月，差不多就是我们的八月，全中国的天气仍然非常炎热，帝妃间的争吵非同寻常。无论如何，怒不可遏的明皇天一亮就把贵妃送归她兄长家中，然后坐下反思自己的所作所为。他焦虑不安，无法进食。中午时分，深谙皇帝情绪的高力士试探上意：“是不是将贵妃的物品都送过去？”天子默然应许。于是，贵妃珍爱的衣服、家具陈设、珠宝等上千件宝贝装满了一百多车，皇帝还将御膳分赐给她，一起送了过去。《唐书》中是这样说的：“帝动不称旨，暴怒笞挞左右。”一整天，宦官们都站在宫殿门口，手持木棍，忙着鞭打自己的同伴，因为他们惹恼了皇帝。笞挞的声音连续不断，没有一个侍者逃过此劫。到了晚 139

图23　七夕

140 上，天子已经陷入了一种极度狂乱的状态，高力士觉得需要孤注一掷来解决问题，于是跪请迎接贵妃回宫！

安兴坊门打开，迎贵妃回宫，贵妃伏地谢罪，皇帝高兴地安抚她。第二天，韩国夫人和虢国夫人进献美食，玄宗不召见大臣，终日作乐，给宦官和宫女赏赐了大量财宝。

141 从此以后，皇帝的恩宠更甚。三个姐姐每人每年得钱一千贯，作为脂粉之资。五家的甲第相连，仿照宫禁的规制建造。“杨氏姐妹花”任性妄为，只要见到心仪的宅

图24　杨氏姐妹花

图25　织锦刺绣

第，就立刻将自己的宅院改建重造。史书上记载："土木之工，不舍昼夜。"建一堂要耗费一百万贯，奇珍异宝及四方进贡之物分赐给杨氏五家，黄门，也就是太监们总是来回奔波，传递消息及赏赐之物。论权力、财富以及皇帝的恩宠，无人能与杨氏兄妹相较，而五人之中贵妃又居于首位。在她的宫中，七百名宫女织锦刺绣，另外数百名则雕刻及制作金银器。她的宫殿称为"蓬莱宫"，是以碧海中的神仙居所来命名的，而她本人则常被诗人称为"西王母"，即传说中西天的统治者。

虢国夫人特立独行，她擅长骑马，于是皇帝赏赐给她 142
一匹高大骏马和一个端秀的牵马小太监。她不屑于化妆，

常不施粉黛，素面朝天，姿色美艳。她和姐姐韩国夫人介绍安排皇族婚嫁，结果被前来求婚的人层层围堵，金银财宝装满腰包。

《旧唐书》中记述了杨氏兄妹的不合礼制，摘录如下：

玄宗每幸华清宫，国忠姊妹五家扈从，每家为一
143 队，著一色衣。五家合队，照映如花，遗钿坠舄，瑟瑟珠翠，灿烂芳馥于路。

而国忠私于虢国，不避雄狐之刺，联镳方驾，不

图26　虢国夫人

> 施帷幔。
>
> 其从幸华清如此，度上巳修禊，亦必尔也。[1]

“方驾”这个奇特的用语是指两只船或两驾马车捆绑在一起，形成一个方形的交通工具。

天宝九载，贵妃再次跟皇帝发生争吵，贵妃又被送归外家。这一回，安禄山安插在宫中的一个内应介入此事，并奏请让贵妃回宫，即使只有一席之地，也使其就死宫中。他说贵妃伤心之极，还说皇帝宠幸贵妃已久，将其抛弃有损尊严。明皇心软，派遣张韬光将御食赐予极度悲伤的女人。贵妃哭泣着说：

> 妾忤圣颜，罪当万死。衣服之外，皆圣恩所赐，无
> 可遗留，然发肤是父母所有。乃引刀翦发一缭附献。[2] 144

凡人能受得了这样的哭诉吗？明皇当然承受不住，赶紧让高力士召贵妃回宫，礼遇恩宠照旧。

于是，杨氏五家的权势更盛，到他们兄妹的族兄杨国

---

① 见《杜诗镜铨》之《丽人行》注释。——译者注

② 见《旧唐书·玄宗杨贵妃列传》。——译者注

忠出任宰相时，算是到达了巅峰。

我讲了这么多的题外话介绍杨氏家族的崛起，有几点原因。未来的悲剧事件主要根源于这种权力的滥用。此外，杜甫非常关注圣上严重失礼的行为，并担心其对公众舆论的影响。

不过，还有一个更有力的原因。用一个相当复杂的比喻来形容，杨氏一族的崛起可以被视为“裙带目”的大王花（refflesia）。至少在中国，“裙带目”的花朵大小不一，从世界上最小的浮萍花（lemnas）到苏门答腊森林中展开可达三英尺的大王花都有。如果我说，裙带关系几个世纪以来一直是中国社会制度的祸根，时至今日依然如此，那么我认为我不应该为过于笼统的言论感到内疚。尽管教育和政府制度及其稳定力量已经被摧毁，但社会制度仍然存在。

回到正写的事情上：中国诗人最喜欢的一种手法，就是在典故的面纱下提及不幸的时事。因此，汉朝时期的放荡通常被解读为当朝统治者的“刺痛”。所以，人们普
145 遍认为这种方法是危险的。例如，高力士曾说服杨贵妃相信，李白在《清平调词三首》中以公元前一世纪时的汉帝宠妃赵飞燕比贵妃，意欲侮辱她，结果李白被逐出朝廷。这三首诗我在《松花笺》中翻译过。

杜甫没有冒这样的风险。他描写了天宝十二载春天里的节日，也许带有讽刺意味，但却相当委婉。

丽人行

三月三日天气新，长安水边多丽人。
态浓意远淑且真，肌理细腻骨肉匀。
绣罗衣裳照暮春，蹙金孔雀银麒麟。
头上何所有？翠为㔩叶垂鬓唇。
背后何所见？珠压腰衱稳称身。 146
就中云幕椒房亲，赐名大国虢与秦。
紫驼之峰出翠釜，水精之盘行素鳞。
犀箸厌饫久未下，鸾刀缕切空纷纶。 147
黄门飞鞚不动尘，御厨络绎送八珍。

（皇帝应该享用这些美味佳肴，包括熊掌、鹿尾、鸭舌、多宝鱼子、驼峰、猴唇、鲤鱼尾和牛脑）

箫鼓哀吟感鬼神，宾从杂还实要津。
后来鞍马何逡巡！当轩下马入锦茵。
杨花雪落覆白苹，青鸟飞去衔红巾。
炙手可热势绝伦，慎莫近前丞相嗔！

——卷二，第五十八页 148

图27　虢国夫人入宫门

多年后，杜甫写了很多诗句回忆这些日子。其中一组诗《秋兴八首》尤其著名，人称“老佛爷”的皇太后对其赞赏有加，这是德龄公主告诉我的，她曾担任皇太后的女官。这些诗句描绘了一幅非凡的时代图景。在此我引用了其中的两首，还有后来写的另一组诗。我打乱顺序将它们插入于此，主要是出于历史的考虑，因此我将按照中国的方式，将诗句与注释放在一起。

昆　明

昆明池水汉时功，武帝旌旗在眼中。
织女机丝虚夜月，石鲸鳞甲动秋风。
波漂菰米沉云黑，露冷莲房坠粉红。
关塞极天惟鸟道，江湖满地一渔翁。

——卷十三，第六四七页

第一、二句的注释：

昆明池是位于长安以西的一片水池，直径约十三英里。 149
汉武帝时计划远征南方部落，需要在如今的云南昆明的一片大湖区域作战，于是挖掘了昆明池以练习水战。池中治楼船，“高十余丈”，船上飘扬着旌旗。

明皇时代，昆明池变成了游乐胜地。织女和牛郎的石像分立于池的两岸，将池想象成了银河。织女牛郎的传说详见《术语表》。昆明池还有用玉石雕刻的鲸鱼，狂风雷雨时，常常发出巨大的鸣吼声，鬐尾皆动。

宿 昔

宿昔青门里，蓬莱仗数移。

花娇迎杂树，龙喜出平池。

落日留王母，微风倚少儿。

宫中行乐秘，少有外人知。

——卷十七，第八二三页

第二、三、四句的注释：

洛阳特产牡丹花，会在宫中精心培育；明皇得到四
150 棵珍贵品种，移植于兴庆池东沉香亭前。桃花李花盛开之
时，牡丹也绽放了，于是，由皇家仪仗引路，天子骑着他
那匹著名的照夜白前来观赏，贵妃则乘坐步辇陪同。

蓬莱宫以神仙居住地的名字来命名，自然而然便与神话传说联系在一起。一种无角的小龙出现在兴庆宫水池，并在宫中水沟里游动，这一景象显然不同寻常，吸引了宫中诸人。

第五句注释：

我经常提到西王母来访汉武帝的故事。据传说，当她命令神仙侍女驾龙严车准备离开时，武帝下席叩头，殷勤

图28　西王母

挽留。也就是说，皇帝以头磕地！明皇对贵妃的所作所为使人联想到这个异常事件。

第六句注释：

赵飞燕跟她的姐姐[①]出身卑微，她们的兄弟习练武术，兄妹四处唱歌跳舞，飞燕姐妹后来成为汉成帝宠妃，贵倾后宫，却德不配位。飞燕身材纤细，体态柔美，舞姿曼妙。一天，赵飞燕正与皇帝作乐，由侍郎冯无方吹笙，飞燕唱歌。唱到兴奋时，她突然起身，翩然起舞。她的长袖起起落落，柔软的身体时而弯曲时而挺直，她唱道："仙
151 乎仙乎，去故而就新乎。"这时，皇帝已心醉神迷，便命令无方把她举到空中，于是这位侍郎把手伸到飞燕的小脚下，将她托在手掌上举起，她一边唱歌一边摆出姿势。

这一场景在中国诗歌中经常被提及，但是杜甫在第六句中还提到了另一个故事，而我不想在此赘述。故事指出了一个事实，就是贵妃姐妹虽然已匹配夫婿，但是她们仍然得到了皇帝的宠幸。一位注释者睿智地评论：杜甫并未明说杨贵妃把安禄山留在寝宫、明皇把贵妃的姐姐们养在宫中，这样的话语不仅不应该出自人臣之口，而且也不应

① 赵飞燕是姐姐，赵合德是妹妹。——译者注

该写成诗歌。杜甫只能有典故来表达他的斥责。

能　画

能画毛延寿，投壶郭舍人。
每蒙天一笑，复似物皆春。
政化平如水，皇明断若神。 152
时时用抵戏，亦未杂风尘。

——卷十七，第八二四页

第一、二句的注释：

像往常一样，杜甫以古言今，从古人中找到今人的原型。画师毛延寿为汉元帝宠臣，但他画了一幅王昭君的丑像而毁了自己的事业，还因此送了性命（见《松花笺》）。

韩干擅长画马，冯绍正以善画鹰而闻名，二人均最为明皇所喜爱。

郭舍人擅长投壶，这是一种将箭投进一个铜壶的游戏，汉代就很流行。在明皇朝，擅长投壶的人叫黄䐳，是一个侏儒。明皇很喜欢他，称他为“肉几”，即肉扶手。

第三句注释：

天之笑就是皇帝的笑。郭舍人为让汉武帝高兴，投壶

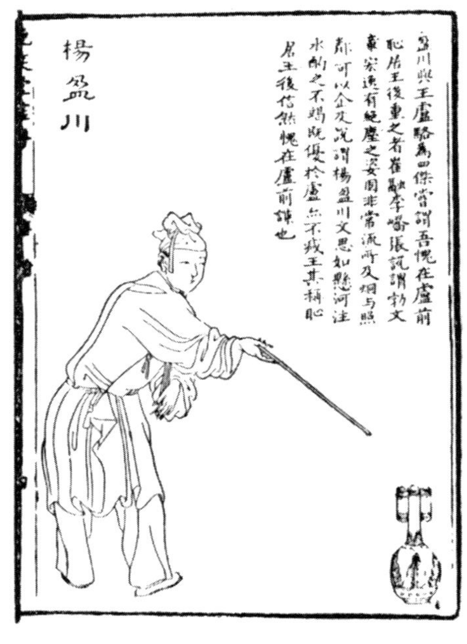

图29　投壶郭舍人

时使用由棘制成的箭而不是竹箭[①]，所以当他投掷时，虽然箭已入壶，但又被弹了回来，他灵巧地抓住箭，再投一次，这样持续了“一百次”。汉武帝为他的技艺而兴奋，赏赐他金帛。

第七句注释：

“抵戏”是高大的摔跤手裸身较量，类似于现在日本的相扑。第一场比赛在汉武帝元封年间举行，大约是公元前 112 年。人们蜂拥而至来观赛。尽管皇帝喜欢这些娱乐活动，但国家安定，他治国有方，人民满意——这是天子的首要职责。

① 据《西京杂记》，郭舍人投壶，以竹为矢，不用棘。此处原著有误。——译者注

斗　鸡

斗鸡初赐锦，舞马解登牀。 153
帘下宫人出，楼前御柳长。
仙游终一閟，女乐久无香。
寂寞骊山道，清秋草木黄。

——卷十七，第八二四页

第一句注释：

明皇年少时就喜好看斗鸡，成为太子以前，就常常在清明节微服出宫观看百姓斗鸡。即位后，他在两京设立鸡坊，养了数百只斗鸡。这些斗鸡威武雄壮，爪似铁，羽毛金光闪闪，鸡冠又高又红，尾巴翘起，曲线优美。皇帝选派了五百名年轻士兵专门饲养这些鸡。一天，皇帝看见一个叫贾昌的人操纵一只木鸡，技艺精妙，木鸡活灵活现。皇帝大喜，召这个年轻人来负责管理那五百名养鸡的士兵，并赐他“金帛”。人们称呼贾昌为“神鸡童”。

第二句注释：

明皇甚爱马，于是将马厩里的马分为两群：龙马群和娇马群，娇马身高超过六英尺。他们训练了四百多匹这样

的骏马进行各种各样的表演，踏着音乐的节拍旋转腾跳。奏乐的是一群穿着淡黄色衣衫的年轻人，而这些马也都是盛装打扮，身披绝非普通的彩文绣花衣，颈悬金光灿烂的铃铛，马鬃则用珍珠美玉加以装饰。这些马就这样装扮起
154 来，由熟练的骑手骑着上场表演。当《倾杯乐》的旋律响起，马儿们踏着节拍舞动，奋首鼓尾，腾跃飞旋。马儿踏上三层高的板床旋转舞蹈，衔起盛满“长寿酒”的杯子屈膝礼拜，敬酒祝寿。或者由大力士们举起一张巨大的木制床榻，一匹舞马在床榻中央随乐器的节拍摇摆。每年千秋节，即天子的生日，明皇和他的爱妃们便聚集到勤政楼下，见证这一盛况。

除了这些怀旧的诗，杜甫就皇帝的马这一主题还写了几首比较长的《行》和《歌》。限于篇幅，我就不一一引用了。历代天子都珍视名马，它们的名字已载入史册，据说它们的血管中流淌着龙的血液。相传，曾去西天造访西王母的周穆王，拥有八匹骏马，其中一匹青白色的马长有两只黄耳朵，就简单地命名为“黄耳”，而位于车队另一侧的一匹骏马则是鬃毛和尾巴乌黑的金灿灿的栗色马，名为“骅骝”，意为辉煌的红马。这个名字在杜甫的诗中常常具有象征意义，比如下一首诗。除了真实存在的骏马，

传说中还有很多超自然生物的名字，比如“騕褭”，可日
行万里。著名的养马人的名字也出现了，其中最著名的是
伯乐，他生活在公元前数世纪。在明皇的臣子当中，张景
顺就是这样一位值得尊敬的人物。据记载，开元元年，他
掌管天子马厩，蓄养了二十四万匹马。在他的精心管理 155
下，到开元十三年，马匹数已达到四十三万。在下面这首
诗中，杜甫想到的不仅止于马。实际上，臣子常常被称为
“皇帝的马”，杜甫认为，虽然杰出的人才仍然存在，但是
已经不再有机会了。

天育骠骑歌

吾闻天子之马走千里，今之画图无乃是？
是何意态雄且杰，骏尾萧梢朔风起。
毛为绿缥两耳黄，眼有紫焰双瞳方。
矫矫龙性含变化，卓立天骨森开张。
伊昔太仆张景顺，监牧攻驹阅清峻。 156
遂令大奴守天育，别养骥子怜神骏。
当时四十万匹马，张公叹其材尽下。
故独写真传世人，见之座右久更新。
年多物化空形影，呜呼健步无由骋！

如今岂无騕褭与骅骝，时无王良伯乐死即休！

157 ——卷二，第九十页

第九节　游览京城

天宝晚期

在《杜诗镜铨》中，《丽人行》后面一首诗是《叹庭前甘菊花》。“艾女士知道甘菊花吗？”读到题目时，农先生这样问我。“我猜这是个比方，一种修辞手法。”我回答道。“完全不是。”他说，“甘菊花跟常见的普通菊花有很大区别，常用来清热解毒，还可用来清洗眼睛，泡茶饮用也很美味。品质最佳的产自杭州。”二号小侍童立刻被派去购买那种小小的黄花，从那天起，钟敲十一点时，翻译的时间就被泡好的菊花茶打断了，茶杯还是我几年前有幸从御膳房得到的。茶汤呈淡黄色，清新可口。想到自己喝的跟杜甫很久以前喝的是同一款茶饮，我就觉得它的味道更加浓烈了。如果我可以这么说的话，几个世纪以来，它就像一条流动的纽带。这首诗本身我觉得并不是特别有趣，尽管中国人很欣赏它的微妙之处。

这个“庭前”是在杜曲还是位于长安某处，我们不得而知，但是其后一首诗作于第二年春天，则很可能是在长

安，因为诗中涉及了杜甫与郑虔之间的友谊，郑虔任职于
158 为其特设的广文馆。正如我在其传记中所述，郑虔是一位才华横溢的画家和诗人，但却无法长期从事其他方面的工作。他和杜甫一道在炎热的夏季去拜访何将军，何将军跟他们意气相投，在京城南边的山丘上有一片幽静的山林。这次远足，杜甫写了十首诗，但我并不一一引用于此。在略去的一首诗中，杜甫提到了一种使用荷叶茎喝酒的古老

图30　买菊花

习俗。荷叶本身形成一个杯子，在茎的上方穿一个小孔，然后酒顺着中空的茎流到荷叶杯中，就可以享用了。一首以酒为灵感的《歌》是写给郑虔的。 159

陪郑广文游何将军山林十首

一

不识南塘路，今知第五桥。名园依绿水，野竹上青霄。
谷口旧相得，濠梁同见招。平生为幽兴，未惜马蹄遥。

——卷二，第六十三页

二

百顷风潭上，千章夏木清。卑枝低结子，接叶暗巢莺。
鲜鲫银丝脍，香芹碧涧羹。翻疑柂楼底，晚饭越中行。 160

——卷二，第六十四页

四

旁舍连高竹，疏篱带晚花。碾涡深没马，藤蔓曲藏蛇。 161
词赋工无益，山林迹未赊。尽捻书籍卖，来问尔东家。

——卷二，第六十五页

图31　下围棋

五

剩水沧江破，残山碣石开。绿垂风折笋，红绽雨肥梅。

银甲弹筝用，金鱼换酒来。兴移无洒扫，随意坐莓苔。

——卷二，第六十五页

六

162 风磴吹阴雪，云门吼瀑泉。酒醒思卧簟，衣冷欲装绵。

野老来看客，河鱼不取钱。只疑淳朴处，自有一山川。

——卷二，第六十五页

九

床上书连屋，阶前树拂云。将军不好武，稚子总能文。

醒酒微风入，听诗静夜分。絺衣挂萝薜，凉月白纷纷。

——卷二，第六十六页

十

幽意忽不惬，归期无奈何。出门流水住，回首白云多。 163

自笑灯前舞，谁怜醉后歌。只应与朋好，风雨亦来过。

——卷二，第六十七页

醉时歌

诸公衮衮登台省，广文先生官独冷；

甲第纷纷厌粱肉，广文先生饭不足。

先生有道出羲皇，先生有才过屈宋。

德尊一代常坎坷，名垂万古知何用？

杜陵野客人更嗤，被褐短窄鬓如丝。 164

日籴太仓五升米，时赴郑老同襟期。

得钱即相觅，沽酒不复疑，
忘形到尔汝，痛饮真吾师。
清夜沉沉动春酌，灯前细雨檐花落。
但觉高歌有鬼神，焉知饿死填沟壑？
相如逸才亲涤器，子云识字终投阁。
165 先生早赋归去来，石田茅屋荒苍苔。
儒术于我何有哉？孔丘[①]盗跖俱尘埃。
不须闻此意惨怆，生前相遇且衔杯。

——卷二，第六十页

杜甫对何将军和他的花园如此着迷，以至于在秋天第二次造访，写了五首诗。我引用了这五首诗，并加上对城西郊游的描述和一首跟郑虔戏谑玩笑的诗。

重游何氏五首

一

问讯东桥竹，将军有报书。倒衣还命驾，高枕乃吾庐。
166 花妥莺捎蝶，溪喧獭趁鱼。重来休沐地，真作野人居。

——卷二，第六十七页

① 孔丘即孔子。——原文注

二

山雨樽仍在，沙沉榻未移。犬迎曾宿客，鸦护落巢儿。

云薄翠微寺，天清皇子陂。向来幽兴极，步屣过东篱。

——卷二，第六十七页

三

落日平台上，春风啜茗时。石栏斜点笔，桐叶坐题诗。

翡翠鸣衣桁，蜻蜓立钓丝。自今幽兴熟，来往亦无期。

——卷二，第六十八页 167

四

颇怪朝参懒，应耽野趣长。雨抛金锁甲，苔卧绿沉枪。

手自移蒲柳，家才足稻粱。看君用幽意，白日到羲皇。

——卷二，第六十八页

五

到此应常宿，相留可判年。蹉跎暮容色，怅望好林泉。

何日雾微禄，归山买薄田？斯游恐不遂，把酒意茫然。 168

——卷二，第六十九页

图32　吹箫

城西陂泛舟

青蛾皓齿在楼船，横笛短箫悲远天。
169 春风自信牙樯动，迟日徐看锦缆牵。
鱼吹细浪摇歌扇，燕蹴飞花落舞筵。
不有小舟能荡桨，百壶那送酒如泉？

——卷二，第七十五页

戏简郑广文兼呈苏司业

广文到官舍，系马堂阶下。醉则骑马归，颇遭官长骂。

才名三十年，坐客寒无毡。赖有苏司业，时时乞酒钱。

——卷二，第八十九页

在杜甫所有的朋友之中，没有人比进士岑参更加聪明
了。所谓“进士”，即进入学术界的学者，正是获得如此
高学位之人的头衔；如果说杜甫对渼陂之旅的描述（我只 170
略去了结尾和非常隐晦的几句话）可信的话，那么岑参一
定是富有冒险精神的。

渼陂，或渼坡，曾经是汉武帝建造的上林苑的一部分，之后一直被精心保护，禁止砍伐树木或在水中打渔。杜甫经常去那里。

渼陂行

岑参兄弟皆好奇，携我远来游渼陂。

天地黯惨忽异色，波涛万顷堆琉璃。

琉璃汗漫泛舟入，事殊兴极忧思集。

鼍作鲸吞不复知，恶风白浪何嗟及。 171

主人锦帆相为开，舟子喜甚无氛埃。
凫鹥散乱棹讴发，丝管啁啾空翠来。
沉竿续蔓深莫测，菱叶荷花净如拭。
宛在中流渤澥清，下归无极终南黑。
半陂以南纯浸山，动影袅窕冲融间。
船舷暝戛云际寺，水面月出蓝田关。

——卷二，第七十六页

显而易见，杜甫住在京郊一处偏僻简陋的村舍里，他
172 竭尽所能地款待朋友，但邻居们以真正中国式的慷慨大方补充了他的能力。他在诗中描述的借酒的场景让我想起了自己在中国的经历。这是一件很容易理解的事情，例如，在乡村节日里，我的银器可以用来装饰摆放祭品的桌子，而二号小侍童有一个用可爱的旧锡镴做的非常漂亮的祭坛，他经常把它借给我。

夏日李公见访

远林暑气薄，公子过我游。贫居类村坞，僻近城南楼。
傍舍颇淳朴，所须亦易求。隔屋唤西家，借问有酒不？
173 墙头过浊醪，展席俯长流。清风左右至，客意已惊秋。

巢多众鸟斗，叶密鸣蝉稠。苦遭此物聒，孰谓吾庐幽？
水花晚色净，庶足充淹留。预恐樽中尽，更起为君谋。

——卷二，第八十九页

天宝十三载秋天，秋雨成灾，洪水泛滥。后来，房琯向皇帝递交了一份报告，却被杨国忠瞒报。这是一种让事情蒙混过关的简单方法，从而为官员们经常使用。因此，皇帝过着幸福的生活，对人民所遭受的苦难一无所知。粮食变得如此稀缺，以至于“一斗米便可买到一个新娘”。

秋雨叹三首

一

雨中百草秋烂死，阶下决明颜色鲜。 174
著叶满枝翠羽盖，开花无数黄金钱。
凉风萧萧吹汝急，恐汝后时难独立。
堂上书生空白头，临风三嗅馨香泣。

——卷二，第八十二页

二

阑风伏雨秋纷纷，四海八荒同一云。

去马来牛不复辨，浊泾清渭何当分？

175 禾头生耳黍穗黑，农夫田父无消息。

城中斗米换衾裯，相许宁论两相直？

——卷二，第八十二页

三

长安布衣谁比数，反锁衡门守环堵。

老夫不出长蓬蒿，稚子无忧走风雨。

雨声飕飕催早寒，胡雁翅湿高飞难。

秋来未曾见白日，泥污后土何时干？

——卷二，第八十二页

当年的重阳节阴雨连绵，杜甫没能如愿以偿地庆祝这一天。重阳节在九月初九，直到今天，仍然是中国民间流行的节日之一。节日当天，我总是会吃螃蟹、赏菊花，还
176 应该在头发上簪上金黄色的菊花，但我从不这样做。

九日寄岑参

出门复入门，雨脚但如旧。所向泥活活，思君令人瘦。
沉吟坐西轩，饮食错昏昼。寸步曲江头，难为一相就。
吁嗟乎苍生，稼穑不可救。安得诛云师？畴能补天漏？
大明韬日月，旷野号禽兽。君子强逶迤，小人困驰骤。 177
维南有崇山，恐与川浸溜。是节东篱菊，纷披为谁秀？
岑生多新诗，性亦嗜醇酎。采采黄金花，何由满衣袖？

——卷二，第七十九页

在此期间，天宝十三载，皇帝再封华山为西岳，这是历朝历代都要举行的一项盛大仪式，但一直被唐朝忽视。杜甫为此进献了一篇赋，至于他的其他作为，我们无从知晓，直到天宝十四载，他的官阶突然就确定了。我之所以说“突然确定”，是因为他如何一步一步得到这个结果的并没有记录。很有可能的是，他的多位在朝廷为官的亲朋好友向皇帝举荐了他，直至被任用。

他先是被任命为河西尉，但很可能是因为记得高适的经历，所以他拒绝了，随后被改任了一个太子率府里的职

图33　官员杜甫

178 位[①]。虽然官阶并不高，但是此时的杜甫已经四十四岁了，终于成为了帝国的官员！

---

① 《官定后戏赠》原注曰："时免河西尉，为右卫率府兵曹。"《旧唐书》说"授京兆府兵曹参军"，《新唐书》说是"右卫率府胄曹参军"，故其官职尚存争议。——译者注

官定后戏赠

不作河西尉，凄凉为折腰。
老夫怕趋走，率府且逍遥。 179
耽酒须微禄，狂歌托圣朝。
故山归兴尽，回首向风飙。

——卷三，第一〇二页 180

第十节　东北边境杀戮的气息

天宝十四载

（公元755年）

如果天子对水灾、南方边境的战败和稳步崛起的吐蕃势力一无所知，如果他不了解东北边境的威胁，在那里，安禄山掌管着包括现在的北京在内的地区，那他的臣民可不会像他那样平静无知。蓟门（在今天北京一带）传来了坏消息，安禄山自大傲慢的传闻，简直令人难以置信。

杜甫写了一组诗共五首，以一名应征士兵之口，描述了当时的情形，但描写的是军旅生活的光辉而不是痛苦。

第一首描写应征士兵离家从军，出征时，乡亲父老准备了“庶羞”为他送行。我在《术语表》中描述了“吴钩”。第二首收录在《松花笺》中。第三首指出，尽管安禄山的功绩在于征服边疆部落并将他们变成分离的“孤军”，但他有某种不可告人的动机。否则，他为何蓄养数万匹战马？为何从东吴给自己运来大量的稻米？东吴，在今天的江苏省，至今仍是中国的大粮仓。

第四首中谈及的两次胜利明确有所指。遥远的东北方 181
有奚和契丹两部族，契丹是安禄山的母族。天宝四载，两部叛唐，安禄山起兵反击。八月，他邀请两部族首领前来饮酒，他们欣然接受了他的款待。趁二人酩酊大醉之时，安禄山立即命人斩下他们的头颅。首级被送往皇宫，这真是令人毛骨悚然的礼物。九年后，这两部族的麻烦仍在持续，安禄山再次率兵反击，俘虏了他们的王子。天宝十四载四月，他奏报称奚和契丹均已被打败。皇帝大喜进而变得冲动和狂热，自然同意奖赏安禄山举荐的人。《唐书》中记载，他手下五百名亲信被授予将军职，三千名军衔较低的人得到了一定程度的嘉许。因此，正如杜甫所说：

渔阳豪侠地。

这些锦衣英雄荣获高升，都对安禄山感恩戴德。安禄山本人也一步步地升到了王的位置，他的傲慢无礼已经逾越了所有界限。历史记载，按礼制，臣子要出来叩头迎接皇帝的使者，但是他并未遵守这个规定，他找了个微不足

道的借口，说自己生病了，以此来为自己对天子传话人的无礼行为辩解。在宫中，这已是众所周知的事情，就像一位注释者所言，毫无疑问，正是明皇自己的盲目，点燃了
182 灾难之火。

后出塞五首

一

男儿生世间，及壮当封侯。
战伐有功业，焉能守旧丘？
召募赴蓟门，军动不可留。
千金装马鞍，百金装刀头。
闾里送我行，亲戚拥道周。
斑白居上列，酒酣进庶羞。
少年别有赠，含笑看吴钩。

183 ——卷三，第一〇二页

三

古人重守边，今人重高勋。
岂知英雄主，出师亘长云。
六合已一家，四夷且孤军。

遂使貔虎士，奋身勇所闻。
拔剑击大荒，日收胡马群。
誓开玄冥北，持以奉吾君。

——卷三，第一〇三页

四

献凯日继踵，两蕃静无虞。 184
渔阳豪侠地，击鼓吹笙竽。
云帆转辽海，粳稻来东吴。
越罗与楚练，照耀舆台躯。
主将位益崇，气骄凌上都。
边人不敢议，议者死路衢。

——卷三，第一〇四页

五

我本良家子，出师亦多门。
将骄益愁思，身贵不足论。
跃马二十年，恐孤明主恩。 185
坐见幽州骑，长驱河洛昏。
中夜间道归，故里但空村。

恶名幸脱免，穷老无儿孙。

186 ——卷三，第一〇四页

第十一节　奉先之行

天宝十四载

（公元755年）

任职于太子率府的生活并没有多大乐趣，杜甫因此也没待几个月。在一首充满讽刺意味的短诗里，他宣布辞官而去。

去矣行

君不见鞲上鹰，一饱即飞掣。

焉能作堂上燕，衔泥附炎热？

野人旷荡无靦颜，岂可久在王侯间？

……

——卷三，第一〇五页

随后，我们发现杜甫出现在临潼温泉一带，该温泉从位于京城东南二十英里的骊山中喷涌而出。这些温泉，散发着硫磺蒸汽，已经使用了数千年，现在该地仍然是一个

很受欢迎的洗浴胜地。明皇就是在此地初次见到了杨贵妃。1902 年，一位旅行者描述了当时看见的温泉池：

> 山坡上有一处炽热的硫磺温泉。上面修建了一个
> 187 石洞，里面有一个四十英尺见方的水池。当我们这边的帝国来了又去的时候，黄色的温泉水一直在汩汩地涌进它那岩石凿成的碗状池中。洞口的碑文记载着它曾被两千年前统治中国的皇帝修缮过。通过一套地下管道系统，冒着蒸汽的温泉水被输送到大约一千码远的山坡上的一个洼地，在那里形成了一个人工湖。湖岸长满了灌木和各种陕西的珍稀植物。狭窄的桩墩从岸边一直延伸到湖中心的一系列亭子处。一条狭窄的小径连接着这些亭子。细微之处极其精美，小径两边竖立着低矮的栅栏，红蓝两色交替，在黄色的水面上，如蛇般蜿蜒曲折。亭子的设计，显然是经过精心考虑的，用瓦平铺的亭顶颜色绝不雷同。在湖的上方，迷宫般的小径在山坡上延伸，通向山顶的一座小神殿。
>
> 我第一次看见这个湖时，太阳落在面朝西安方向的一片平原上。当白天的最后一缕阳光射到亭子顶部，顶上的琉璃瓦闪烁了几分钟，然后颜色开始融合。紫

> 色、绿色和红色：融合成金色，而黄色的雾气轻轻地融入了岸边的灌木丛中。

唐太宗时期已在山上建造了皇家宫殿，明皇将其改名为“华清宫”，意为“华丽纯净的宫殿”，经常到此游幸、居住。

杜甫写了一首充满历史典故的诗，并把这首诗献给了和他一起旅居的一位郭先生，然后动身去了奉先县，即今天的蒲城。这首长诗堪称杜甫的代表作之一，正如一位中国的评论家所说，很多诗句都仿佛出自今天的社会主义者之口。杜甫提到了他的家人，他们跟亲戚们住在一起，还提到了他们所经历的艰难困苦。一个年幼的儿子死于饥
饿，这的确是痛苦悲伤的本质：想到宫中的铺张浪费，这 188
种悲痛无法减轻，而现在他已经亲眼目睹了那些挥霍无度。

杜甫一路向北，渡过了“清澈的渭河”，然后继续北行穿过了陕西省的棉花种植区，到达了“浑浊的泾河”，这条河，今天的旅行者记述，跟杜甫描述的一样，是乘坐马车渡过去的。过了河是一片著名的养马场，种植了大量苜蓿，接着又穿过了典型的黄土地带。大地上出现了巨大的裂缝。这些裂缝不能称为山谷，而应该说是峡谷，旅

行者必须下到峡谷，再爬上几十英尺高的黄色易碎的土崖。蒲城的西门至今仍然令人印象深刻，让人想起繁荣的过去，而坐落在陕西肥沃麦田中心的这片土地一直都很重要。其四周是平原，北部是丘陵，土质丘陵。

自京赴奉先县咏怀五百字

杜陵有布衣，老大意转拙。许身一何愚？窃比稷与契。
189 居然成濩落，白首甘契阔。盖棺事则已，此志常觊豁。
穷年忧黎元，叹息肠内热。取笑同学翁，浩歌弥激烈。
非无江海志，潇洒送日月。生逢尧舜君，不忍便永诀。
190 当今廊庙具，构厦岂云缺？葵藿倾太阳，物性固莫夺。
顾惟蝼蚁辈，但自求其穴；胡为慕大鲸，辄拟偃溟渤？
以兹误生理，独耻事干谒。兀兀遂至今，忍为尘埃没。
终愧巢与由，未能易其节。沉饮聊自遣，放歌破愁绝。

191 岁暮百草零，疾风高冈裂。天衢阴峥嵘，客子中夜发。
霜严衣带断，指直不得结。凌晨过骊山，御榻在嵽嵲。
蚩尤塞寒空，蹴踏崖谷滑。瑶池气郁律，羽林相摩戛。
君臣留欢娱，乐动殷胶葛。赐浴皆长缨，与宴非短褐。
192 彤庭所分帛，本自寒女出。鞭挞其夫家，聚敛贡城阙。

圣人筐篚恩，实欲邦国活。臣如忽至理，君岂弃此物？
多士盈朝廷，仁者宜战慄。况闻内金盘，尽在卫霍室。
中堂有神仙，烟雾蒙玉质。煖客貂鼠裘，悲管逐清瑟。
劝客驼蹄羹，香橙压金橘。朱门酒肉臭，路有冻死骨。 193
荣枯咫尺异，惆怅难再述。

北辕就泾渭，官渡又改辙。群水从西下，极目高崒兀。
疑是崆峒来，恐触天柱折。河梁幸未坼，枝撑声窸窣。
行旅相攀援，川广不可越。

老妻寄异县，十口隔风雪。谁能久不顾？庶往共饥渴。 194
入门闻号咷，幼子饿已卒。吾宁舍一哀？里巷亦呜咽。
所愧为人父，无食致夭折。岂知秋禾登，贫窭有仓卒。
生常免租税，名不隶征伐。抚迹犹酸辛，平人固骚屑。

默思失业徒，因念远戍卒。忧端齐终南，澒洞不可掇。 195

——卷三，第一〇八页

在奉先，杜甫有一些朋友。其中一位新近绘制了一幅风景画，杜甫为此写诗大加赞赏。农先生说，读起来像是开年所作。“腊月里，”他继续说道，“诗人和画家都不喜创作，但是一旦开春，他们就精神焕发了。”很遗憾，我就不引用这首诗了。杜甫还告诉我们，天宝十五载正月，有一次愉快的出游。他不经意地提到“瓮牖”，他的住所以破瓮为窗，由此可见，房子非常简陋破败。根据我自己的观察，这种对破瓮的使用在中国至今仍很常见。诗中历史性的结论无疑对崔李二人具有启发性，但却令西方读者

图34　作画

感到困惑，所以我只把其中自传式的诗句引用于此。

晦日寻崔戢李封

朝光入瓮牖，尸寝惊弊裘。起行视天宇，春气渐和柔。 196
兴来不暇懒，今晨梳我头。出门无所待，徒步觉自由。
杖藜复恣意，免值公与侯。晚定崔李交，会心真罕俦。 197
每过得酒倾，二宅可淹留。喜结仁里欢，况因令节求。
李生园欲荒，旧竹颇修修。引客看扫除，随时成献酬。
崔侯初筵色，已畏空樽愁。未知天下士，至性有此不？
草芽既青出，蜂声亦煖游。思见农器陈，何当甲兵休？

……

——卷三，第一一三页

杜甫人在奉先时，一个曾与他在率府共事而结交的朋
友程录事，在回乡途中经过此地。显然，程录事为人非常 198
正直，杜甫担心在艰难的时局之下，他的“羽翮”[①] 不得不服从一些没有价值的命令，因此劝他暂时退职。安禄山已拿下黄河以北地区，并自称雄武皇帝，继续向西推进。人

① 羽翮，指翅膀。此诗末有一句“念君惜羽翮”，作者并未引用。——译者注

们都知道，一场危机正在快速袭来，而中国自古以来就有的一个惯例是，在这种时候，正直的官员就会隐退，远离世事，直到纷乱平息，安定恢复。

送率府程录事还乡

鄙夫行衰谢，抱病昏忘集。常时往还人，记一不识十。
199 程侯晚相遇，与语才杰立。熏然耳目开，颇觉聪明入。
千载得鲍叔，末契有所及。意钟老柏青，义动修蛇蛰。
若人可数见，慰我垂白泣。告别无淹晷，百忧复相袭。
内愧突不黔，庶羞以赒给。素丝挈长鱼，碧酒随玉粒。
途穷见交态，世梗悲路涩。东风吹春冰，泱莽后土湿。

……

200 ——卷三，第一一五页

第十二节　从白水到三川

天宝十五载

（公元756年）

白水位于蒲城西北偏北约十六英里，蒲城当初被视为南白水县。我之所以提及这个，是因为杜甫在白水写了一首诗，诗中称他来自“南县”，即蒲城。杜甫的舅舅（杜母的弟弟）姓崔，在白水为官，杜甫前一年秋天曾去探望他，还参加了一场祈雨仪式，该仪式由这位舅舅主持，非常成功。

现在是天宝十五载的春末夏初，杜甫及全家都去了那里。在《自京赴奉先县咏怀》中，杜甫说是“十口”，我们不清楚是哪十口，但是至少其中六口我们是知道的，有杜甫的妻子、两个年幼的儿子、不止一个小姑娘，还有一个婴儿——也是一个女孩，都多次提到。其他的可能还包括杜甫的弟弟杜占，这个名字我们会经常听到，还有那些仆人，他们也被中国人理所当然地视为“家庭成员”。

崔家有一间漂亮的“斋”，即书房或冥思静坐的房间。

我非常喜欢《说文》中对“斋”这个汉字的解析：整洁身心以接受上天的指示。崔舅进行身心整洁的地方位于山林之上，山下是黄褐色的关中平原，无数的河水涌动，奔向
201 高大的关隘——潼关，在那里，一同投入黄河的怀抱，东流入海。黄河的另一边，耸立着西岳华山，若隐若现地盘旋在山麓丘陵之上。景色很开阔，美得超凡脱俗。

然而，六月，传来了人世间一切烦恼的消息。安禄山

图35　书法

脸上那张脆弱的忠诚面具已经坠落于地，所有人都认为他是个叛徒，他身后有兵、有马、有口粮等所有作战装备。杜甫在数年后写下的《昔游》一诗中谈到了这些精心细致的准备。 202

昔　游

……

幽燕盛用武，供给亦劳哉。

吴门转粟帛，泛海陵蓬莱。

肉食三十万，猎射起黄埃。

……

——卷十四，第七〇一页

他从东北方横扫而下，穿过山西，沿黄河而上，攻陷了东京，向着潼关挺近。他的前进能被遏止吗？哥舒翰率领二十万士兵奋起反击，结果都是徒劳无功。

洛　阳

洛阳昔陷没，胡马犯潼关。

天子初愁思，都人惨别颜。

……

203 ——卷十七，第八二六页

在京城，法国人所说的“不和”爆发了，决策出现了分歧。如果哥舒翰能够按照自己的意愿扼守固若金汤的潼关，或许可以扭转局势。但是朝廷却命令他必须出关迎战来势汹汹将其吞没的安禄山的叛军，这一命令正出自杨国忠的授意。

这就是当杜甫和他的舅舅坐在“整洁心灵以接受上天指示”的地方所听到的消息。

白水崔少府十九翁高斋三十韵

客从南县来，浩荡无与适。旅食白日长，况当朱炎赫。
204 高斋坐林杪，信宿游衍阒。清晨陪跻攀，傲睨俯峭壁。
崇冈相枕带，旷野回咫尺。始知贤主人，赠此遗岑寂。
205 危阶根青冥，曾冰生淅沥。上有无心云，下有欲落石。
泉声闻复息，动静随所激。鸟呼藏其身，有似惧弹射。
吏隐适情性，兹焉其窟宅。白水见舅氏，诸翁乃仙伯。
杖藜长松下，作尉穷谷僻。为我炊彫胡，逍遥展良觌。

图36 浩荡

坐久风颇怒，晚来山更碧。相对十丈蛟，欻翻盘涡坼。
何得空里雷，殷殷寻地脉。烟氛霭崷崒，魍魉森惨戚。 206
昆仑崆峒巅，回首如不隔。前轩颓反照，巉绝华岳赤。
兵气涨林峦，川光杂锋镝。知是相公军，铁马云雾积。
玉觞淡无味，胡羯岂强敌？长歌激屋梁，泪下流衽席。
人生半哀乐，天地有顺逆。慨彼万国夫，休明备征狄。
猛将纷填委，庙谋蓄长策。东郊何时开？带甲且未释。 207
欲告清宴罢，难拒幽明迫。三叹酒食旁，何由似平昔！

——卷三，第一一六页

不难想象，关中平原上的人们是如何焦虑地商议对策，并匆忙做出了决定。人们首先想到的是让自己的家庭远离来自蒙古地区的部落叛军的危险：他们必须远走高飞，就像他们的先辈们那样逃离，也像他们的后辈们一样流亡，之前和之后都有过很多次。杜甫决定去鄜州三川避难，可能是难以获得交通工具，全家只得步行上路，加入了北行的队伍。这条穿过黄土沟壑的路恶劣难走，更糟糕的是，还爆发了可怕的洪水。我们看不到当时的记述，但是一年后，杜甫在《彭衙行》中回忆了这段行程。这是杜甫广为流传的《行》之一，我插录于此。

彭衙行

208 忆昔避贼初，北走经险艰。夜深彭衙道，月照白水山。
尽室久徒步，逢人多厚颜。参差谷鸟吟，不见游子还。
痴女饥咬我，啼畏虎狼闻。怀中掩其口，反侧声愈嗔。
小儿强解事，故索苦李餐。一旬半雷雨，泥泞相牵攀。
既无御雨备，径滑衣又寒。有时经契阔，竟日数里间。
209 野果充糇粮，卑枝成屋椽。早行石上水，暮宿天边烟。
少留同家洼，欲出芦子关。故人有孙宰，高义薄曾云。

延客已曛黑，张灯启重门。煖汤濯我足，翦纸招我魂。
从此出妻孥，相视涕阑干。众雏烂熳睡，唤起霑盘飧。
誓将与夫子，永结为弟昆。遂空所坐堂，安居奉我欢。 210
谁肯艰难际，豁达露心肝。别来岁月周，胡羯仍构患。
何时有翅翎，飞去堕尔前？

——卷四，第一六五页

与此同时，灾难降临长安。六月，天气炎热，明皇被迫逃亡，杨贵妃以及皇帝最在意的几个人一直伴其左右，但是绝大多数的妃嫔宫女都被抛下，沦为叛军的牺牲品。叛军进入京城，亵渎宫殿，摧毁了皇宫中的灵位。没有亲眼目睹这场灾难的杜甫，在几年后的一首诗中讲述了这一悲剧。

往　在

往在西京日，胡来满彤宫。 211
中宵焚九庙，云汉为之红。
解瓦飞十里，繐帷纷曾空。
疚心惜木主，一一灰悲风。
合昏排铁骑，清旭散锦幪。

贼臣表逆节，相贺以成功。
是时妃嫔戮，连为粪土丛。
当宁陷玉座，白间剥画虫。
212 不知二圣处，私泣百岁翁。
……

——卷十四，第七〇四页

一位注释者说，当杜甫一行人途经华原时，听说太子在众大臣的再三劝谏下让步，于灵武登基，即唐肃宗，同时尊奉他逃往四川的父亲为上皇。在《壮游》中，杜甫提到了这一关键时刻：

河朔风尘起，岷山行幸长。
两宫各警跸，万里遥相望。

众所周知，这件大事发生在天宝十五载七月，即使是在电报发明以前的年代，消息也必然是“火速”传遍了全国。年号改为“至德”，但当年仍称为“载”。

我之前提到的那场洪水，史书中没有记载，因此杜甫到达三川后写的诗，成为具有历史价值的文献。根据葛

洪所著《抱朴子》一书，诗中所说的“地轴”是指地有三千六百轴，名山大川，孔穴相连。杜甫眼前正在涨水的 213
是洛河。洛河的发源地离三川不远，沿途汇入了另外两条溪流，在同州并入黄河，引用一句注释——“其势最大而疾”。

杜甫曾直接在太子麾下效力，太子本人虽不是很强势，但却是个正直的人，现在他当上了皇帝。这一事实令雄心万丈的“鸿鹄”再次振翅翱翔。杜甫决定将家人留在三川，自己则急忙赶去为新的天子效力。

三川观水涨二十韵

我经华原来，不复见平陆。北上惟土山，连天走穷谷。
火云无时出，飞电常在目。自多穷岫雨，行潦相豗蹙。 214
蓊匌川气黄，群流会空曲。清晨望高浪，忽谓阴崖踣。
恐泥窜蛟龙，登危聚麋鹿。枯查卷拔树，礧磈共充塞。
声吹鬼神下，势阅人代速。不有万穴归，何以尊四渎。
及观泉源涨，反惧江海覆。漂沙坼岸去，漱壑松柏秃。
乘陵破山门，回斡裂地轴。交洛赴洪河，及关岂信宿。 215
应沉数州没，如听万室哭。秽浊殊未清，风涛怒犹蓄。
何时通舟车？阴气不黪黩。浮生有荡汩，吾道正羁束。

人寰难容身，石壁滑侧足。云雷屯不已，艰险路更跼。
216 普天无川梁，欲济愿水缩。因悲中林士，未脱众鱼腹。
举头向苍天，安得骑鸿鹄？
217 ——卷三，第一一八页

第十三节　灵武之行

至德元载

（公元756年）

杜甫向北逃亡，一路艰难险阻，虽然已经精疲力竭，但是他匆忙地将家人安置在鄜州三川县附近的羌村，然后在当年秋天就出发前往行在投奔新皇帝。他行走的路线无从考证，所以也就不可能在地图上标注出来，但是他朝着灵武所在的遥远的东北方向进发。他怒火中烧，那些臭气熏天、以羊肉为食的蒙古地区部落叛军竟然亵渎了美好遗产，这些遗产明皇已经证明自己不配继承。

避　地①

避地岁时晚，窜身筋骨劳。

诗书遂墙壁，奴仆且旌旄。 218

行在仅闻信，此生随所遭。

① 第三句暗指学者的焦虑，公元前二世纪，秦始皇下令焚书！流传至今的很多书籍都被藏到了房屋的空心墙壁中。——原文注

神尧书天下，会见出腥臊。

——卷三，第一二〇页

行至途中，他遇见了一位被遗弃的王孙贵族，便停下脚步与之交谈，并试图安慰他。诗中有一句为写作时间提供了线索：

已经百日窜荆棘

安禄山攻陷京城是在六月十二日，虽然我们不能从字面上理解这个数字，但我们知道，自从明皇天刚亮就从延秋门出逃以来，月亮已经历了三次盈亏，皇帝遗弃了他的王孙子弟，让他们自谋生路。冬天已临近，很快就会降临。诗中有三处暗指必须解释一下。“头白乌”是一只白头的黑鸟，据说能够预测侯景的灭亡，侯景是几个世纪以前的篡位者。杜甫认为安禄山的权力不会持续很久，特别是当回纥部落之一的花门立誓要帮助肃宗“雪耻”。这是一个常见的汉语表达，他们还举行了一个奇特的仪式——
219 割面流血，以证明他们的诚意。

“龙准”就是龙鼻，我们应该称之为罗马鼻，它被看作是统治家族成员的特征之一。汉高祖被视为原型，他就有龙鼻，因为在他出生前，他的母亲不断地想到龙。“朔方健儿”指的就是不幸的哥舒翰，他被迫违背自己正确的判断而率领部队出潼关迎战。因此，杜甫指责他“愚”似乎有点冷酷无情，但我想，就连杜甫的直言不讳有时也会有所缓和，这个可怜的年轻人[1]很可能被残忍地杀害，也激起了他的怜悯之情。末尾一句中提到的“佳气”，我在《术语表》的“佳气”条目下有所描述。

哀王孙

长安城头头白乌，夜飞延秋门上呼；
又向人家啄大屋，屋底达官走避胡。
金鞭断折九马死，骨肉不得同驰驱。 220
腰下宝玦青珊瑚，可怜王孙泣路隅。
问之不肯道姓名，但道困苦乞为奴。
已经百日窜荆棘，身上无有完肌肤。
高帝子孙尽龙准，龙种自与常人殊。
豺狼在邑龙在野，王孙善保千金躯。

① 哥舒翰（704—757），时已年届五十。——译者注

221 不敢长语临交衢，且为王孙立斯须。
昨夜春风吹血腥，东来橐驼满旧都。
朔方健儿好身手，昔何勇锐今何愚？
窃闻天子已传位，圣德北服南单于。
花门剺面请雪耻，慎勿出口他人狙。
哀哉王孙慎勿疏，五陵佳气无时无。

——卷三，第一二〇页

跟王孙分别后，杜甫想必是向西北行进了。但是，可怜的“鸿鹄之志”啊，因为这只鸿鹄注定要被关在笼子里。这一次，阻碍来源性质完全不同：安禄山的人抓住了
222 杜甫，并将其关押。

第十四节　困居长安

至德元载—至德二载

（公元756年—757年）

I

关押并没有持续很长时间，大概五六个月，也没有狠虐苛刻，但禁止杜甫离开京城。在这个节骨眼上，默默无闻和官职低微反而具有优势，安禄山没有强迫他做官。那些之前身居高位的人，比如王维和他的兄弟，被俘后则被逼着担任了官职。有的人自杀身亡，王维服毒弄哑了自己的嗓子。安禄山自立为皇帝，也有一些人很乐意为他效劳，他在京城建立了统治。

杜甫挨家挨户地游荡，拜访从前度过了快乐时光的地方，有时在寺庙避难，他总是在伺机逃跑。他将这些经历记录下来，写了二十多首诗，其中两首例外，我引用在此。第一首记录了一次曲江游，明皇及其朝臣经常到此狂欢作乐。杜甫沉浸在回忆之中，迷失了回家的路。 223

哀江头①

少陵野老吞声哭，春日潜行曲江曲。
江头宫殿锁千门，细柳新蒲为谁绿？
忆昔霓旌下南苑，苑中万物生颜色。
昭阳殿里第一人，同辇随君侍君侧。
辇前才人带弓箭，白马嚼啮黄金勒。
224 翻身向天仰射云，一笑正坠双飞翼。
明眸皓齿今何在？血污游魂归不得。
清渭东流剑阁深，去住彼此无消息。
225 人生有情泪霑臆，江水江花岂终极？
黄昏胡骑尘满城，欲往城南望城北。

——卷三，第一二二页

十月，称为“孟冬”，即冬季的第一个月，坏消息传到了长安，京城的人们都绝望地“回面向北”。这句话不能从字面上理解方向。无论皇帝在哪里，都被认为是北方，而他——人类的统治者——坐在那里，面向南方：中

① “昭阳殿里第一人”“游魂”均指杨贵妃。“去住彼此”指明皇和杨贵妃。——原文注

图37　步辇

华文明建立在永恒不变的南方定位上。宫殿、寺庙、房屋、尊位，皆面朝南方。那个坏消息给杜甫个人带来了不幸，他钦佩房琯，房琯领军在灵宝被叛军击败。①《唐书》中对此有一些简短的记述：

至德元载十月，房琯自请讨贼，分军为三；南军自

① 在灵宝战败的是哥舒翰，房琯战败于陈陶，即陈陶泽，又名陈陶斜。——译者注

宜寿入，中军自武功入，北军自奉天入，琯自将中军为前锋。辛丑，中军北军遇贼于陈陶斜，接战败绩。……时琯效古法用车战，贼纵火焚之，人畜大乱，官军死伤者四万

226 余人。

悲陈陶

孟冬十郡良家子，血作陈陶泽中水。

野旷天清无战声，四万义军同日死。

群胡归来血洗箭，仍唱胡歌饮都市。

都人回面向北啼，日夜更望官军至。

——卷三，第一二四页

陈陶位于咸阳县以东，房琯那些悲惨的残兵败将从陈陶撤退，在青坂城门停驻。青坂是一座依太白山而建的城寨，太白山在武功县南边。在青坂，他们再次战败。在写到这第二次灾难时，杜甫最后恳请军队保持士气，直到来年，他曾对“王孙”提到的盟军部落需要时间才能到达中

227 国的心脏地带。

悲青坂

我军青坂在东门，天寒饮马太白窟。

黄头奚儿日向西，数骑弯弓敢驰突。

山雪河冰野萧瑟，青是烽烟白人骨。

安得附书与我军，忍待明年莫仓卒？

——卷三，第一二四页

对　雪

战哭多新鬼，愁吟独老翁。

乱云低薄暮，急雪舞回风。 228

瓢弃樽无绿，炉存火似红。

数州消息断，愁坐正书空。

——卷三，第一二五页

思乡之情与对国家命运的忧虑交织在一起。《松花笺》中收录了一首优美的《月夜》，杜甫在诗中表达了他的孤独寂寞和对妻子儿女的思念之情。至德二载正月初一，他还写了一首相当老套的小诗给他的妹妹，这个妹妹寡居在今天长江之畔的九江。在一片悲伤之中，回忆一下与同样被困在长安城墙内的志同道合的朋友们的会面，是一种解脱。我略去了后边的十二句诗。杜甫讨论了各种诗人的风格，并以一种相当明显的对时代的悲叹作为结尾，用一句话概括，就是人生苦短，何不畅饮忘却悲伤？

薛端薛复筵简薛华醉歌

229 文章有神交有道，端复得之名誉早。
爱客满堂尽豪杰，开筵上日思芳草。
安得健步移远梅，乱插繁花向晴昊？
千里犹残旧冰雪，百壶且试开怀抱。
垂老恶闻战鼓悲，急觞为缓忧心捣。
少年努力纵谈笑，看我形容已枯槁。
……

——卷三，第一二六页

春天来了，随之而来的是强烈的怀旧情绪。冬至过去一百零五天以后，迎来了寒食节，第二天清明节又接踵而
230 至。在这一时节，中国人的观念是全家人必须去为祖先扫墓。杜甫写了一首诗，其中富含与月亮相关的神话故事，这些故事可见于我的《中国之鉴》。现在，我只引用诗的

图38 无家

开头两句：

一百五日夜对月

无家对寒食，有泪如金波。

……

——卷三，第一三〇页

然而，杜公非常乐于写家信，以此来寻求慰藉。 231

春 望

国破山河在，城春草木深。

感时花溅泪，恨别鸟惊心。

232 烽火连三月，家书抵万金。

白头搔更短，浑欲不胜簪。

——卷三，第一二八页

图39 春——恨别

得舍弟消息

近有平阴信，遥怜舍弟存。
侧身千里道，寄食一家村。
烽举新酣战，啼垂旧血痕。
不知临老日，招得几时魂。

——卷三，第一二九页

忆幼子

骥子春犹隔，莺歌暖正繁。
别离惊节换，聪慧与谁论。 233
涧水空山道，柴门老树村。
忆渠愁只睡，炙背俯晴轩。

——卷三，第一三〇页

遣 兴

骥子好男儿，前年学语时。
问知人客姓，诵得老夫诗。
世乱怜渠小，家贫仰母慈。
鹿门携不遂，雁足系难期。 234

图40 骥子

天地军麾满，山河战角悲。

倘归免相失，见日敢辞迟。

——卷三，第一三一页

II

中国人称杜甫的诗为“诗史”，从他的诗中可以看到时代的历史。当激动人心的事件接连不断地发生时，这一

特征就更加明显。杜公密切注意各种细微的进展，并对军 235
事战略产生了强烈的兴趣。至德二载到来后，形势可能不像以前那样令人绝望了。的确，明皇远在四川，安禄山的叛军仍然占据着长安城，但是，在遥远的西北的肃宗已经重新召集了军队，正在向南推进，同时回纥部落也正在赶来协助。《壮游》一诗中有几句对此有所描述：

崆峒杀气黑，少海旌旗黄。
禹功亦命子，涿鹿亲戎行。
翠华拥吴岳，螭虎啖豺狼。
爪牙一不中，胡兵更陆梁。
大军载草草，凋瘵满膏肓。

“翠华”指的是皇家的旗帜；“少海”和“螭”（无角
的龙）指继位成为肃宗之前的太子；“虎”指的是他的将军 236
们，而“豺狼”则是指叛军。

至德元载正月六日，安禄山在睡觉时被他的儿子安庆绪刺杀而死。安庆绪试图将父亲建立的基业发扬光大，但是并未成功。《唐书》中对这段史实的记载如下：

其子以大刀斫其（禄山）腹部；腹肠已数斗流在床上，言讫气绝。此事臭名昭著。[①]

同年二月，肃宗到达岐州，此地位于京城以西约一百英里。肃宗在此驻跸，将此地改名为凤翔，意为“凤凰展翅翱翔”。

安禄山的死让他手下的大将史思明和高秀岩获得了权力，此时他们正威胁着山西和陕西北部。《唐书》中一段摘录，我翻译如下：

至德二载元月，史思明、蔡希德和高秀岩率领十万兵马，围攻太原。史思明以为太原指掌可得，一旦拿下太原，便可以长驱而入朔方。

尽管肃宗正在积聚力量，但是形势仍然是非常的不确定。杜甫认为芦子关容易受到攻击，应该加强防守。芦子关以北延伸着长城，在这座巨大的屏障之外是三座几年

① 《旧唐书》和《新唐书》中记载，安庆绪与近侍太监李猪儿密谋杀死安禄山，用大刀砍杀安禄山的是李猪儿，安庆绪并未亲自动手。无“此事臭名昭著”一句。此处原著有误。——译者注

前建立起来的有城墙围绕的城池。至德元载，管辖这三座 237
城池的朔方节度使，请求将前线的定远和丰安二军营地纳入。他的请求得到了应允，于是诗中常说的“三城”变成了杜甫诗中的“五城”。这五城被描述成防护灵武的羽翼，肃宗就是在灵武登基，因此灵武被视为中兴复国的“根基”。

杜甫诗中提到的“薛大夫”，指的是扶风太守薛景仙。扶风即古岐州，后称为凤翔。薛景仙击退了当地贼寇，保持道路畅通并无阻断，证明了自己有能力掌控局面。因此，来自帝国的粮仓——富庶的南方吴越地区的使臣得以抵达，奏请两位皇帝，一位在四川，一位在灵武，并向皇帝保证中国中部地区的忠诚。杜甫在下面这首诗中陈述了自己对局势的意见。

塞芦子

五城何迢迢？迢迢隔河水。边兵尽东征，城内空荆杞。
思明割怀卫，秀岩西未已。回略大荒来，崤函盖虚尔。 238
延州秦北户，关防犹可倚。焉得一万人，疾驱塞芦子。
岐有薛大夫，旁制山贼起。近闻昆戎徒，为退三百里。
芦关扼两寇，深意实在此。谁能叫帝阍，胡行速如鬼！

——卷三，第一三一页

诗后有一条很长的注释写道：

> 以韵语代奏议，洞悉时势，见此老硕画苦心。
>
> 学者熟读此等诗，那得以诗为无用，作诗为闲
> 事。朱鹤龄曰：此诗首以五城为言，盖忧朔方之无备
> 239 也。高史二寇合力攻太原，克太原则渡河而西，即延
> 州界，北出即朔方五城。灵距延才六百里尔。
>
> 灵武为兴复根本，公恐二寇乘虚袭之，故欲以万人守芦关，牵制二寇使不得北。时太原几不守，幸禄山死，思明走归范阳，势甚岌岌，公故深以为虑也。

在杜甫被扣留的几个月里，军事战略并不是他研究的唯一课题。碰巧大云寺住持赞公是房琯的挚友，大云寺坐落于京城西部，房琯虽然在陈陶泽惨败，但是杜甫仍然真诚地仰慕他。当初杜甫和赞公二人可能正是因为共同仰慕房琯而走到了一起，但这只是我自己的一种猜测。无论如何，二人成了好朋友，杜甫不止一次躲在寺庙里，躲过了叛军首领的密探，这些密探本想强迫他出来做官。

对于大云寺的这四首诗，还可以作大量的描述性的

注释，寺庙里装饰着吴道子画的龙。这位画家我之前曾经提到过，但是我必须克制。杜甫在第二首诗中提到了这些画，并引用了一种流行的说法，大意是下雨时龙鳞是湿润的。240

农先生曾到访过许多“寺”，这些“寺”是由庙宇和寺院共同组成的，他详细地描述了与僧侣生活有关的程序。就在他说话的时候，我仿佛看到一排排的僧侣默默地坐在大殿长桌的两侧，有时多达六百人，大殿两侧各有三百人。在他们面前是寡淡无味的大米饭和蔬菜，而方丈则独自一人坐在中间的一张小桌前，桌上铺着红绿相间的桌布，摆着一尊佛像。诗中提到的两位僧人都是几个朝代前的名人，杜甫用他们的名字来比喻他的主人——住持赞公。

大云寺赞公房四首

一

心在水精域，衣霑春雨时。洞门尽徐步，深院果幽期。
到扉开复闭，撞钟斋及兹。醍醐长发性，饮食过扶衰。
把臂有多日，开怀无愧辞。黄鹂度结构，紫鸽下罘罳。241
愚意会所适，花边行自迟。汤休起我病，微笑索题诗。

——卷三，第一三二页

图41　佛花

二

242　细软青丝履，光明白氎巾。深藏供老宿，取用及吾身。
自顾转无趣，交情何尚新。道林才不世，惠远德过人。
雨泻暮檐竹，风吹春井芹。天阴对图画，最觉润龙鳞。

——卷三，第一三四页

三

灯影照无睡，心清微妙香。夜深殿突兀，风动金琅珰。
天黑闭春院，地清栖暗芳。玉绳回断绝，铁凤森翱翔。 243
梵放时出寺，钟残仍殷床。明朝在沃野，苦见尘沙黄。

——卷三，第一三四页

四

童儿汲井华，惯捷瓶在手。霑洒不濡地，扫除似无帚。
明霞烂复阁，霁雾搴高牖。侧塞被径花，飘飖委墀柳。
艰难世事迫，隐遁佳期后。晤语契深心，那能总钳口？ 244
奉辞还杖策，暂别终回首。泱泱泥污人，狺狺国多狗。
既未免羁绊，时来憩奔走。近公如白雪，执热烦何有？ 245

——卷三，第一三五页

与这个时期有关的诗还有三首。《喜晴》这首诗篇幅很长，用了很多典故，我对这首诗兴趣不大，除了其中的一句——杜甫确实说过：

我饥岂无涯。

图42　童儿洒扫

另一首记述了与郑虔的一次会面。郑虔即郑广文，虽然他不切实际、理想主义、不负责任，杜甫对他却很忠诚，但是他被叛军强迫担任各种行政管理工作。跟着郑驸马，他们三个人一起走到驸马的花园，表达了对活着的感激之情，并暗示他们知道安禄山的死亡。我引用了第三首，不需要注释。

雨过苏端

鸡鸣风雨交，久旱云亦好。杖藜入春泥，无食起我早。
诸家忆所历，一饭迹便扫。苏侯得数过，欢喜每倾倒。 246
也复可怜人，呼儿具梨枣。浊醪必在眼，尽醉摅怀抱。
红稠屋角花，碧委墙隅草。亲宾纵谈谑，喧闹慰衰老。
况蒙霈泽垂，粮粒或自保。妻孥隔军垒，拨弃不拟道。

——卷三，第一三六页

在初夏炎热的四月，拜访了苏端之后，杜甫躲过了看
守者的警戒，逃往了位于凤翔的行在所。 247

第十五节　杜拾遗

I．到达行在所

至德二载六月—乾元元年[1]六月

（公元757年—758年）

喜达行在所三首

一

（仍困长安）

西忆岐阳信，无人遂却回。

眼穿当落日，心死著寒灰。

（途中）

雾树行相引，连山望忽开。

（行在所）

所亲惊老瘦，辛苦贼中来。

248 ——卷三，第一三八页

---

① 至德二载二月改了年号，重新启用“年”。——原文注（此处有误，乾元元年重新称“年”，至德年间仍称“载”。——译者注）

二

愁思胡笳夕，凄凉汉苑春。

生还今日事，间道暂时人。

司隶章初睹，南阳气已新。

喜心翻倒极，呜咽泪霑巾。

——卷三，第一三九页

三

死去凭谁报，归来始自怜。

犹瞻太白雪，喜遇武功天。

影静千官里，心苏七校前。 249

今朝汉社稷，新数中兴年。

——卷三，第一三九页

在炎炎夏日里，躲躲藏藏，决不是一件容易的事。到达凤翔拜见肃宗的是一个可怜兮兮、衣衫褴褛的杜甫。读者们应该记得，在灾难降临王朝崩溃之前，杜公曾在太子府担任过一个小官。那个太子，现在应父亲的要求治理国家，当他意识到他的臣子克服了千难万险时，他被深深地感动了，并迅速任命杜甫为体面的拾遗，担任过这个独特职位的都是一些在中国最受人尊敬的人。确认这一任命的文告很快发出，“左拾遗杜甫”和其他左右拾遗一起出现在公众面前，在六月十二日，他“举起双手致敬”，“拜倒在地”。

杜甫履行了对天子和国家的职责，开始了他的仕途。他的思虑立刻转向了他的妻子和孩子，自从去年秋天离开他们之后，就没有听到过他们的任何消息。可能晚年无子而最终在阴间必然成为一个孤苦无依的灵魂，这种命运的幽灵，在杜甫的脑海里不断浮现，而对于一个中国人来
250 说，这就是痛苦的巅峰。

述　怀

去年潼关破，妻子隔绝久。今夏草木长，脱身得西走。
麻鞋见天子，衣袖露两肘。朝廷愍生还，亲故伤老丑。
涕泪授拾遗，流离主恩厚。柴门虽得去，未忍即开口。
251 寄书问三川，不知家在否？比闻同罹祸，杀戮到鸡狗。
山中漏茅屋，谁复依户牖。摧颓苍松根，地冷骨未朽。
几人全性命？尽室岂相偶？嵚岑猛虎场，郁结回我首。
自寄一封书，今已十月后。反畏消息来，寸心亦何有？

汉运初中兴，生平老耽酒。沉思欢会处，恐作穷独叟。 252

——卷三，第一四〇页

正如杜甫所说，他不可能马上请假，于是就写了一封信寄到那个离鄜州不远的村子里去，他的家人被安置在那里。他收到了回信，因而感到无比欣慰。在记述这件事的一首诗中，他提到了一种奇特的信念，中国人相信大雨可生鱼。

得家书

去凭游客寄，来为附家书。今日知消息，他乡且定居。

熊儿幸无恙，骥子定怜渠。临老羁孤极，伤时会合疏。

二毛趋帐殿，一命待鸾舆。北阙妖氛满，西郊白露初。 253

凉风新过雁，秋雨欲生鱼。农事空山里，眷言终荷锄。

——卷三，第一四一页

II. 房琯事件

至德二载六月

（公元757年）

杜甫刚被任命为拾遗不久，就发现有一件严重的事情需要他提出谏议。他的“布衣之交”房琯，即使不获死，也有被贬黜的危险，而这一切都是因为发生在陈陶和青坂的不幸灾难。

为了理解杜甫为何对这一事件感受如此强烈，有必要思量一下房琯从前的为官经历、自我牺牲的忠诚和作为一个公正而受人爱戴的管理者的良好声誉。我只能请求我的读者在《传记索引》中找到他的名字，以了解这一经历的细节。在陈陶，房琯使用了《春秋》中描述的战术。在他的部队中央，有两千辆牛车，两旁是骑兵和步兵。在战斗进行中，房琯没有拥有中国人所谓的天时地利——天命之
254 时和地利之福。实际上，他遇到了逆风，他的部队被困在一个低洼而不利的地方。叛军位于他的上方，安禄山的无数匹疾驰的奔马掀起旋风般的尘土，使人看不清它们的数

量，凶猛的士兵们前进时高声呐喊，声音随风传到了房琯的军队这边，牛被吓得惊慌失措，混乱不堪，更糟糕的是安禄山向皇帝的军队投掷燃烧的稻草，造成大量死伤，总共四万人阵亡，但是一个可怜的幸存者逃了回来。

这场灾难的严重性是无法减轻的，杜甫可能也不会为房琯的策略辩护；然而，他觉得，一个如此高尚的人，一个为国家做出如此宝贵贡献的人，而且，一个主动站出来准备接受惩罚的人，不应该遭受过度的痛苦。根据历史记载，房琯立刻赶到行在，赤裸着上身，跪在皇帝面前请求处罚。此外，也不能只责怪房琯一人。皇帝身边的官员曾催促他出战。因此，杜甫情绪激动到了极点，向皇帝进谏，为房琯辩白，但也认为自己处理房琯事件不够巧妙圆滑。也许《壮游》中关于“御床”的那句话不应该只从字面上理解，但杜甫肯定是纠缠不休的——“上感到愤怒”。

备员窃补衮，忧愤心飞扬。
上感九庙焚，下悯万民疮。
斯时伏青蒲，廷争守御床。
君辱敢爱死？赫怒幸无伤。
圣哲体仁恕，宇县复小康。

三司迅速奉召对杜甫进行推究审问，如果没有宰相张镐的介入，结果会多么可怕就不得而知了。天子对他的官员们行使着绝对的权力：生与死都掌握在他的手中。这一次，张镐成功地平息了肃宗的怒火，避免了推问。杜甫写了一篇《状》[①]，或者说是一份声明，感谢自己所受到的帮助。这篇文章必须是用传统术语表述的。杜甫称自己“愚戆”、“智识浅昧”，“深陷罪孽网罗，死罪死罪”。然而，他坚持自己的观点，认为房琯早年忠于职守，应当得到承
256 认，并应该让他免于因善意的错误而定罪。在对张镐的感谢之结尾处，他这样写道：“天下幸甚！天下幸甚！”

杜甫在房琯这件事上的所作所为，准确地反映出杜甫的目的很诚实，就是不惜一切代价，哪怕自身遭受苦难。中国人把这件事描述为他的“大节”，他们经常用这个词来形容不容侵犯的节操。

---

① 指《奉谢口敕放三司推问状》。——译者注

III. 行在所职责

至德二载夏

（公元757年）

需要天子和他的大臣们关注的最急迫的事情，是在这个国家已经平定了蒙古地区部落反叛的地方，稳定政府管理。我们看到杜甫为各种官员写送别诗，他们即将走马上任，开始新的工作。这些诗与其从自传的角度看，不如从历史的角度看来更有意义。我觉得没有必要把它们全部引用，只举一个例子：

送灵州李判官

禄山反，以郭子仪为灵武太守，充朔方军节度使。陈陶斜之败，帝惟倚朔方军为根本。

（《唐书》注释） 257

羯胡腥四海，回首一茫茫。

血战乾坤赤，氛迷日月黄。

将军专策略，幕府盛才良。

近贺中兴主，神兵动朔方。

——卷三，第一五二页

不幸的是，朝廷本身的重组，使杜甫及与他志同道合的人深感忧虑。的确，杨贵妃是死了，杨氏姐妹花也倒台了。高力士，这位曾经无所不能的太监，在四川陪伴明皇，远在陡峭的剑山[①]之外，但如今在凤翔，张氏左右着天子，太监李辅国的嚣张气度甚至超过了高力士。随着秋天的临近，杜甫写了一首小诗，对不知情的人来说，这首诗似乎是无伤大雅的，但在诗中，他使用月亮传说中的词语来指代延续邪恶传统的张氏和宦官。“蟾”，三条腿的蛤蟆，住在月亮上，暗指张良娣，而同住月亮的“兔”则指的是李辅国。最后一句提到了中国人的观念，满月象征着琴瑟和谐，满月之夜，男人和妻子应该在一起，因此月光
258 会增加思乡之情。

月

天上秋期近，人间月影清。

259 入河蟾不没，捣药兔长生。

① 即今四川剑阁县北剑门山。——译者注

图43　捣药兔长生

只益丹心苦，能添白发明。

干戈知满地，休照国西营。

——卷四，第一五三页

事实上，朝廷的法度被无视了，杜甫认为这是一种无耻的行为。高级官员跟他们的副手混在一起，在某种程度上，他们不应该这样做，甚至宦官也出现在不该出现的位置上。杜甫在写给严武的一首小诗里，对这个问题直言

不讳。严武是个才华横溢的青年，杜甫对他的父亲非常了解。这个严武也是房琯的朋友，在杜甫的晚年生活中扮演着非常重要的角色，但是我们现在收集不到更多有关他的信息。杜甫在我所说的这首小诗结尾处写道：

新诗句句好，应任老夫传。[①]

“老夫”指的就是杜甫自己！

几个星期就这样过去了。在中华王国（这个词是本土说法，我们称之为“中国”）的历史上，几乎没有一个时代，能比一个穷困的天才杜甫生活的时代更容易获得财富
260 和报酬了。

Ⅳ．北征

至德二载秋

（公元757年）

杜甫的确被免于推问，但是他被“墨水打上了印记”，

① 出自《奉赠严八阁老》。——译者注

就是说他的过失被记录在案，但他发现想要请假回家探望家人毫无困难。他在闰八月出发前往鄜州附近的羌村，并给我们留下了此次行程的大量细节。他徒步上路，途经邠州，从一个拥有一千多匹马的富有的年轻人那里借乘了一匹，才改变了这种状况。

晚行口号

三川不可到，归路晚山稠。
落雁浮寒水，饥乌集戍楼。
市朝今日异，丧乱几时休？
远愧梁江总，还家尚黑头。

——卷四，第一五四页

独酌成诗

灯花何太喜？酒绿正相亲。 261
醉里从为客，诗成觉有神。
兵戈犹在眼，儒术岂谋身？
苦被微官缚，低头愧野人。

——卷四，第一五五页

徒步归行

明公壮年值时危，经济实藉英雄姿。
国之社稷今若是，武定祸乱非公谁？
凤翔千官且饱饭，衣马不复能轻肥。
262 青袍朝士最困者，白头拾遗徒步归。
人生交契无老少，论交何必先同调。
妻子山中哭向天，须公枥上追风骠。

——卷四，第一五五页

行次昭陵

旧俗疲庸主，群雄问独夫。谶归龙凤质，威定虎狼都。
263 天属尊尧典，神功协禹谟。风云随绝足，日月继高衢。
文物多师古，朝廷半老儒。直辞宁戮辱，贤路不崎岖。
往者灾犹降，苍生喘未苏。指麾安率土，荡涤抚洪炉。
壮士悲陵邑，幽人拜鼎湖。玉衣晨自举，石马汗常趋。
松柏瞻虚殿，尘沙立暝途。寂寥开国日，流恨满山隅。

——卷四，第一六四页

唐朝的建立者唐太宗的陵墓——昭陵，坐落于礼泉县九

嵕山一带。他生前最喜爱的六匹骏马的浮雕竖立在其陵前，
其中两匹现存于宾夕法尼亚大学博物馆，在大英博物馆可以 264
看到复制品。在北上的旅途中，杜甫在昭陵旁停了下来，悲
痛哀伤：他在行在所的经历肯定令人沮丧。他提到了几个迷
人的传说，以及当时流传甚广的“太宗在天之灵曾带领大批
阴兵协助击退安禄山”和“石人马战斗后流汗”的说法。

在黄土地的小村庄里，杜甫一家再次团聚。

羌村三首

一

峥嵘赤云西，日脚下平地。柴门鸟雀噪，归客千里至。
妻孥怪我在，惊定还拭泪。世乱遭飘荡，生还偶然遂。 265
邻人满墙头，感叹亦歔欷。夜阑更秉烛，相对如梦寐。

——卷四，第一五八页

二

晚岁迫偷生，还家少欢趣。娇儿不离膝，畏我复却去。
忆昔好追凉，故绕池边树。萧萧北风劲，抚事煎百虑。
赖知禾黍收，已觉糟床注。如今足斟酌，且用慰迟暮。 266

——卷四，第一五八页

三

群鸡正乱叫，客至鸡斗争。驱鸡上树木，始闻叩柴荆。

父老四五人，问我久远行。手中各有携，倾榼浊复清。

苦辞酒味薄，黍地无人耕。兵革既未息，儿童尽东征。

请为父老歌，艰难愧深情。歌罢仰天叹，四座泪纵横。

——卷四，第一五八页

267 到达羌村后，杜甫停留了几个星期，写下了一首中国文学史上篇幅最长、最著名的诗歌之一。鉴于此，我参照的是金圣叹编辑的一本杜甫作品集，他在书中还做了详细的注释。[①] 他把这首一百四十行的诗分成了三十五解，并说明，从十六解到二十三解的部分诗人述说自己的妻子和家人，仿佛梦呓一般。最后他说到，阅读此诗悲感横生，涕泪交下。

北 征

一

皇帝二载秋，闰八月初吉。

---

① 本书《北征》中译本参照《金圣叹批唐才子诗·杜诗解》，北京：中华书局 2010 年版。——译者注

杜子将北征，苍茫问家室。

二

维时遭艰虞，朝野少暇日。

顾惭恩私被，诏许归蓬荜。 268

三

拜辞诣阙下，怵惕久未出。

虽乏谏诤姿，恐君有遗失。

四

君诚中兴主，经纬固密勿。

东胡反未已，臣甫愤所切。

五

挥涕恋行在，道途犹恍惚。

乾坤合疮痍，忧虞何时毕？ 269

六

靡靡逾阡陌，人烟眇萧瑟。

所遇多被伤，呻吟更流血。

七

回首凤翔县，旌旗晚明灭。

八

前登寒山重，屡得饮马窟。

图44　北征

邠郊入地底，泾水中荡潏。

九

猛虎立我前，苍崖吼时裂。
菊垂今时花，石戴古车辙。

十、十一

青云动高兴，幽事亦可悦。 270
山果多琐细，罗生杂橡栗。
或红如丹砂，或黑如点漆。
雨露之所濡，甘苦齐结实。
缅思桃源内，益叹身世拙。 271

十二

坡陀望鄜畤，岩谷互出没。
我行已水涯，我仆犹木末。

十三

鸱鸟鸣黄桑，野鼠拱乱穴。
夜深经战场，寒月照白骨。

十四

潼关百万师，往者散何卒？

遂令半秦民，残害为异物。

十五

272 况我堕胡尘，及归尽华发。

十六

经年至茅屋，妻子衣百结。

恸哭松声回，悲泉共幽咽。

十七

平生所娇儿，颜色白胜雪。

见爷背面啼，垢腻脚不袜。

十八

床前两小女，补绽才过膝。

海图坼波涛，旧绣移曲折。

273 天吴及紫凤，颠倒在裋褐。

图45　黛

十九

老夫情怀恶，呕泄卧数日。

那无囊中钱，救汝寒凛栗。

二十、二十一

粉黛亦解包，衾裯稍罗列。

瘦妻面复光，痴女头自栉。

学母无不为，晓妆随手抹。

移时施朱铅，狼藉画眉阔。

二十二、二十三

274 生还对童稚，似欲忘饥渴。

问事竞挽须，谁能即嗔喝。

翻思在贼愁，甘受杂乱聒。

新归且慰意，生理焉得说。

二十四

至尊尚蒙尘，几日休练卒。

仰看天色改，旁觉妖氛豁。

二十五

阴风西北来，惨澹随回纥。

其王愿助顺，其俗喜驰突。 276

二十六、二十七

送兵五千人，驱马一万匹。

此辈少为贵，四方服勇决。

所用皆鹰腾，破敌过箭疾。

圣心颇虚伫，时议气欲夺。

二十八

伊洛指掌收，西京不足拔。

官军请深入，蓄锐伺俱发。

二十九

此举开青徐，旋瞻略恒碣。 277

昊天积霜露，正气有肃杀。

三十

祸转亡胡岁，势成擒胡月。

胡命其能久，皇纲未宜绝。

三十一、三十二、三十三[①]

忆昨狼狈初，事与古先别。

278 奸臣立菹醢，同恶随荡析。

不闻夏殷衰，中自诛褒妲。

周汉获再兴，宣光果明哲。

桓桓陈将军，仗钺奋忠烈。

微尔人尽非，于今国犹活。

三十四

凄凉大同殿，寂寞白兽闼。

都人望翠华，佳气向金阙。

---

① 在这三解中，杜甫充满希望地比较了现在与过去：“狼”、“狈”是指杨贵妃和杨国忠，尽管他们很邪恶，但也没有像褒（姒）和妲（己）一般导致整个王朝的灭亡，褒姒和妲己是夏、殷两朝轻佻的美人。这一次，杨国忠被“菹醢”，贵妃身死，这样一来，明智的官员和像陈玄礼这样勇猛的人就有希望能够确保安宁。杜甫还希望明皇及其子肃宗能像周宣王和建立东汉的光武帝那样实现国家中兴。——原文注

三十五

园陵固有神，洒扫数不阙。

煌煌太宗业，树立甚宏达！

——卷四，第一五九页

当杜甫在北征途中，皇家军队在王朝救星——太子广
平王的率领下，从凤翔向东朝京城推进，杜甫听说他们已 279
经接近长安城墙时，欣喜万分。

喜闻官军已临贼境[①]

胡虏潜京县，官军拥贼壕。鼎鱼犹假息，穴蚁欲何逃。
帐殿罗玄冕，辕门照白袍。秦山当警跸，汉苑入旌旄。
路失羊肠险，云横雉尾高。五原空壁垒，八水散风涛。 280
今日看天意，游魂贷尔曹。乞降那更得，尚诈莫徒劳。
元帅归龙种，司空握豹韬。前军苏武节，左将吕虔刀。
兵气回飞鸟，威声没巨鳌。戈鋋开雪色，弓矢向秋毫。
天步艰方尽，时和运更遭。谁云遗毒螫，已是沃腥臊。
睿想丹墀近，神行羽卫牢。花门腾绝漠，拓羯渡临洮。 281

① 第六句指梁朝一位将军所率领的士兵，他们身着白袍，所向披靡。——原文注

此辈感恩至，羸俘何足操。锋先衣染血，骑突剑吹毛。
喜觉都城动，悲连子女号。家家卖钗钏，只待献春醪。

——卷四，第一六七页

十月间，长安实际上被收复了。杜甫在一组《收京三首》诗中记录了这一事实。如果我引用这三首诗，就会对中国古代历史和早期文学进行冗长的解释，我也觉得没有必要在这个时候讲那些题外话。杜甫娴熟地运用典故，回顾过去，分析当下，表达对未来的希望。完成了这件事，他就准备重返他的工作岗位，并对角斜穿过鄜州和
282 长安之间的大片黄土地带，尽快赶回京城。想必是全家随同他一起启程去了京城，但他自己并没有留下只言片语。

V. 京城

乾元元年

（公元758年）

据《旧唐书》记载，至德二载十月二十三日，肃宗重返长安，也就是在公元757年深秋时节。百姓们喜极而

泣，他们说："不图复见吾君。"[1]肃宗也感动落泪。他实在是为这个城市的现状感到悲哀。他一连三天身穿素服，来到被安禄山焚毁的宗庙遗址，痛哭不已。与此同时，远在四川的明皇动身返回长安，他在十二月初到达了长安。

杜甫没有提到我在《年表》中所记述的那些令人印象深刻的事件，我不相信他亲眼看见了肃宗进京。《年表》上的确说他当时就在皇帝的随行人员当中，但《杜诗镜铨》的一位注释者指出，《收京三首》中的一首有几句诗证明这种说法是错误的。关于这些问题，他所能说的就是十多年后写在《壮游》中的两句：

哭庙灰烬中，鼻酸朝未央。 283

而且，杜甫只提到明皇抵京是在十二月初。我倾向于认为他是在月亮开始亏缺之后到达长安的。无论如何，他还是及时瞥见了他的朋友，那个温文尔雅的、不切实际的、无用的郑虔，明皇曾为他设立广文博士一职，后因侍奉过安禄山而被流放台州。台州地处东南，在那里他当了

① 见《旧唐书·肃宗本纪》。——译者注

个小官，度过了短暂的余生。显然，杜甫是在大街上等候他的朋友经过并跟他告别。

送郑十八虔贬台州司户，伤其临老陷贼之故，阙为面别，情见于诗

郑公樗散鬓成丝，酒后常称老画师。
284 万里伤心严谴日，百年垂死中兴时。
苍皇已就长途往，邂逅无端出饯迟。
便与先生成永诀，九重泉路尽交期！

——卷四，第一七二页

现在，杜甫在东内①任职，认真地开始了他作为近臣——谏官的职业生涯。接下来的一系列的诗，描述了朝廷的各种仪式，这些诗在程序模式方面最具启发性。

腊日是在大寒节气之内的几天，而大寒是一年中最后一个节气，通常天气非常寒冷，比如1927年的腊日是一月二十一日。“恩泽”和“九霄”都是象征性地指称皇帝，

① 唐都城有三大内：太极宫在西，故名西内；大明宫在东，故名东内；别有兴庆宫号南内也。（摘自《雍录》）——译者注

皇帝将诗中所描绘的礼物赐予朝廷的官员。

腊　日

腊日常年暖尚遥，今年腊日冻全消。 285
侵陵雪色还萱草，漏泄春光有柳条。
纵酒欲谋良夜醉，还家初散紫宸朝。
口脂面药随恩泽，翠管银罂下九霄。

——卷四，第一七三页

奉和贾至舍人早朝大明宫

五夜漏声催晓箭，九重春色醉仙桃。
旌旗日煖龙蛇动，宫殿风微燕雀高。
朝罢香烟携满袖，诗成珠玉在挥毫。 286
欲知世掌丝纶美，池上于今有凤毛。

——卷四，第一七三页

宣政殿退朝晚出左掖

天门日射黄金榜，春殿晴曛赤羽旗。
宫草霏霏承委佩，炉烟细细驻游丝。
云近蓬莱常五色，雪残鳷鹊亦多时。

侍臣缓步归青琐，退食从容出每迟。

——卷四，第一七五页

每月一日，月亮暗淡无光，每月十五日，月满明亮，这两天破晓时分，天子不在南边的宣政殿而在北边的紫宸
287 殿上朝。紫宸殿是便殿，称之为“阁”，是皇帝寝宫的一部分，也是内殿。皇帝共有九“嫔”，其中正二品的嫔也出席了，她们被称为“昭容”，翻译一下就是“在行为举止和外表上明亮清晰”。

朝见在日出时就开始了，因为有许多事务要处理，中午临近，黎明时长长的倒影让位于正午的短影。时辰的改变，由靠近宫墙外缘的高阁传报，距离可不近。朝会结束，官员们退朝。杜甫用“夔”和“龙”二词形象地指称这些官员，“夔”和“龙”是传说中统治者舜的两个著名的大臣的名字。

紫宸殿退朝口号

户外昭容紫袖垂，双瞻御座引朝仪。

香飘合殿春风转，花覆千官淑景移。

288 昼漏稀闻高阁报，天颜有喜近臣知。

宫中每出归东省，会送夔龙集凤池。

——卷四，第一七六页

由于皇帝首要关心的是祭拜宗庙，所以当务之急是要完成对残垣断壁的重建。工匠们日夜不停地劳作，工程进展神速。在二月五日，改年号为乾元，即天道伊始。“载”被弃用，重新启用“年”。春天还没有过去，就在新建的宗庙里举行了重新安放祖先牌位的仪式；杜甫参加了这次活动，并在多年以后根据记忆写成的《往在》一诗中描述了这一场景。

……

车驾既云还，楹桷欻穹崇。
故老复涕泗，祠官树椅桐。
宏壮不如初，已见帝力雄。
前春礼郊庙，祀事亲圣躬。 289
微躯忝近臣，景从陪群公。
登阶捧玉册，峨冕聆金钟。
侍祠恧先露，掖垣迩濯龙。

天子惟孝孙，五云起九重。

……

组豆腐膻肉，罘罳行角弓。

在这首诗中，他提到了清理妃嫔寝宫，那里曾经经历了许多苦难。

镜奁换粉黛，翠羽犹葱胧。

图46　对镜

有一点很清楚，杜甫尽忠职守，很可能因为不断地劝谏而使自己成为一个十足的讨厌鬼。同样清楚的是，他的劝谏收效甚微。他的心经常“受伤”。事实上，他在朝为官的这几个月似乎是悲伤的，而且充满了失望。

朝廷仪制是复杂详尽的，每一个细节都有规定。天子住在宫禁的北部，总是面朝南而坐。文官们在位于皇帝左边的部门专用建筑里各司其职，左边是在皇城这座巨大四合院的东侧。武官则占据地位次之的西侧。 291

图47　宫女

除了统治者的贴身随从——也就是宫女和宦官，其他任何人都不能留宿宫中，但其中一个部门总有一名拾遗在值班，以便随叫随到。

春宿左省

292 花隐掖垣暮，啾啾栖鸟过。
星临万户动，月傍九霄多。
不寝听金钥，因风想玉珂。
明朝有封事，数问夜如何？

——卷四，第一七七页

晚出左掖

昼刻传呼浅，春旗簇仗齐。
退朝花底散，归院柳边迷。
楼雪融城湿，宫云去殿低。
避人焚谏草，骑马欲鸡栖。

293 ——卷四，第一七七页

送贾阁老出汝州

西掖梧桐树，空留一院阴。

艰难归故里，去住损春心。

宫殿青门隔，云山紫逻深。

人生五马贵，莫受二毛侵。

——卷四，第一七八页

图48　张氏

杜甫无力帮助肃宗，对此感到气馁。尽管肃宗品质高尚、忠诚孝顺，而且情真意切，但却优柔寡断，很容易误入歧途，完全受制于张氏，四月间，张氏被封为皇后。杜甫在写于曲江之畔的一系列诗歌中坦率地表达了这种沮
294 丧，曲江是杜公最喜欢去的地方之一。

曲江陪郑八丈南史饮

雀啄江头黄柳花，鵁鶄鸂鶒满晴沙。
自知白发非春事，且尽芳樽恋物华。
近侍即今难浪迹，此身那得更无家？
丈人才力犹强健，岂傍青门学种瓜？

——卷四，第一八〇页

曲　江

一片花飞减却春，风飘万点正愁人。
295 且看欲尽花经眼，莫厌伤多酒入唇。
江上小堂巢翡翠，苑边高塚卧麒麟。
细推物理须行乐，何用浮名绊此身？

——卷四，第一八〇页

曲江：之二

朝回日日典春衣，每日江头尽醉归。
酒债寻常行处有，人生七十古来稀。
穿花蛱蝶深深见，点水蜻蜓款款飞。
传语风光共流转，暂时相赏莫相违。

——卷四，第一八一页 296

曲江对酒

苑外江头坐不归，水精宫殿转霏微。
桃花细逐杨花落，黄鸟时兼白鸟飞。
纵饮久判人共弃，懒朝真与世相违。
吏情更觉沧洲远，老大徒伤未拂衣。

——卷四，第一八一页

曲江对雨

城上春云覆苑墙，江亭晚色静年芳。
林花著雨燕支湿，水荇牵风翠带长。 297
龙武新军深驻辇，芙蓉别殿谩焚香。
何时诏此金钱会，暂醉佳人锦瑟旁？

——卷四，第一八二页

图49　吹笙

杜甫在京城找到了不少老朋友。他曾为岑参举荐官
298 职，并为他写了一首诗，还收到了岑参的复诗。这两首都不是特别有趣，我把它们都省略了。郑驸马也在京城，杜甫跟他去了南边的山林游玩。我们在那里见到一个担任拾遗的兄弟许八，他要回到江宁（现在的南京）附近的家中省亲，杜甫年轻时曾去江宁旅行过，他在那里看到一块石碑，上面复刻有伟大的顾恺之画作。画的是维摩菩萨的像，传说画像完成后亮光闪耀了一个多月。许八有一张拓

片，杜甫为他送行时提到了这幅画，但我不引用这首诗。他还请许八带一封信给一位僧人朋友，他们已经三十年没见过面了。

因许八奉寄江宁旻上人

不见旻公三十年，封书寄与泪潺湲。
旧来好事今能否，老去新诗谁为传？ 299
棋局动随幽涧竹，袈裟忆上泛湖船。
闻君话我为官在，头白昏昏只醉眠。

——卷四，第一八六页

杜甫发现，道士和僧侣具有职业操守，当他们也才华横溢时，就是最意气相投的伙伴，杜甫喜欢跟他们相处。下面这首诗中描述的青松，和今天在中国北方看到的那些树干闪闪发亮的松树是同一品种。诗的最后提到的“商山翁”是四个有名望的老者，大约在公元前 212 年，他们对当时的祸患感到绝望而隐居山中，在山中不受世事烦扰，直到汉朝建立，国家由乱而治。

题李尊师松树障子歌

老夫清晨梳白头，玄都道士来相访。
300 握发呼儿延入户，手提新画青松障。
障子松林静杳冥，凭轩忽若无丹青。
阴崖却承霜雪干，偃盖反走虬龙形。
老夫生平好奇古，对此兴与精灵聚。
已知仙客意相亲，更觉良工心独苦。
松下丈人巾屦同，偶坐似是商山翁。
怅望聊歌紫芝曲，时危惨澹来悲风。

301 ——卷四，第一八七页

河南的一个弟弟传来了消息，在记录这件事的时候，杜甫提到了一个关于“紫荆”的迷人传说。紫荆树是一种犹大树[1]。有三兄弟在他们的父亲去世后，决定分掉父亲的遗产，各奔东西。他们一致认为，院子里的一棵开满了花的紫荆树也应该砍下来平分。当时天色已晚，就推迟到第二天再砍树。天亮以后，他们带着斧头和刀集合一处，准备动手。令他们吃惊的是，树上的每一朵花都枯萎了，这

① 犹大树，即南欧紫荆，相传犹大自缢于此种树上。——译者注

棵树看上去像是死了。可能是什么原因呢？反思和讨论带来了启示：即使是植物家族的成员也无法忍受分离，何况人类呢！兄弟仨重新考虑了他们的决定；这棵树立刻活了过来，于是三个人幸福地生活在一起了。这首诗我就不引用了。

杜甫也写了一首关于郑虔的诗。郑虔现在被流放，杜甫认为这种流放是不应该的。他认为这个老人的罪过应该“一洗清白”。他还给被关在京城的王维写了一篇呆板的小作文，提到了王维为了维护自己的名誉而自找的疾病，该句如下：

一病缘明主。[1]

有两首诗是关于一位名叫毕曜的诗人的，他研究过饮酒的艺术，但我们现在再也听不到他的诗了。这两首诗以一种异想天开而又高度口语化的方式描述了杜甫的贫困状况，我都引用于此。 302

① 出自《奉赠王中允维》。——译者注

逼侧行赠毕曜

逼侧何逼侧！我居巷南子巷北。
可恨邻里间，十日不一见颜色。
自从官马送还官，行路难行涩如棘。
我贫无乘非无足，昔者相过今不得。
实不是爱微躯，又非关足无力。
徒步翻愁官长怒，此心炯炯君应识。
303 晓来急雨春风颠，睡美不闻钟鼓传。
东家蹇驴许借我，泥滑不敢骑朝天。
已令请急会通籍，男儿性命绝可怜。
焉能终日心拳拳，忆君诵诗神懔然。
辛夷始花亦已落，况我与子非壮年。
街头酒价常苦贵，方外酒徒稀醉眠。
径须相就饮一斗，恰有三百青铜钱。

304 ——卷四，第一九〇页

赠毕四曜

才大今诗伯，家贫苦宦卑。
饥寒奴仆贱，颜状老翁为。

同调嗟谁惜，论文笑自知。

流传江鲍体，相顾免无儿。

——卷四，第一九一页

夏天来了，天气越来越热，肃宗便赐给大臣们由宫女用凉爽的细葛布制成的官服，并在其上御笔亲题受赐者的名字。

端午日赐衣

宫衣亦有名，端午被恩荣。 305

细葛含风软，香罗叠雪轻。

自天题处湿，当暑著来清。

意内称长短，终身荷圣情。

——卷四，第一九四页

这是杜甫写的最后一首跟朝廷相关的诗。逆境的激流对他来说是太快而无法阻挡的，他那毫不妥协的正直也不会允许他快乐地遨游在由特权的岩石守护的池塘里。作为拾遗，劝谏无果，犹如空气，这个职位完全不符合他的秉性。对杜甫来说，要么全有，要么全无；他必须履行一个拾遗的职责，必须对天子进行劝谏，直到天子接受这种劝谏并采取行动，否则就会离开。前者不在他的选择范围内，杜甫写了一首诗，名为《酬孟云卿》[1]，实则意在告别，
306 然后，他就此离去。

① 见《松花笺》。——原文注

第十六节　小官吏杜甫

乾元元年六月—乾元二年七月

（公元758年—759年）

I. 华州，夏秋

至德二载，甫自京金光门出间道归凤翔。乾元初，从左拾遗移华州掾，与亲故别，因出此门，有悲往事

此道昔归顺，西郊胡正烦。
至今犹破胆，应有未招魂。
近侍归京邑，移官岂至尊。
无才日衰老，驻马望千门。

——卷五，第一九七页

一条注释这样写道： 307

公去岁疏救房琯，琯虽罢相犹在朝。至乾元元年六

月，琯贬邠州刺史，公遂以琯党出，自是不复至京师矣。

这真是一个悲哀的处境！杜甫来到华州，华州位于京城以东约六十英里，在西岳华山脚下，他为这座山写了一首诗。

望　岳

西岳崚嶒竦处尊，诸峰罗立似儿孙。
安得仙人九节杖，拄到玉女洗头盆？
车箱入谷无归路，箭栝通天有一门。
稍待秋风凉冷后，高寻白帝问真源。

308 ——卷五，第一九八页

群山环绕在关中平原的边缘，巍峨壮丽，但也形成了一道屏障，有效地阻挡了西南季风送来的凉风，一千二百年前的西南季风一定给中国人民减轻了酷热，就像今天一样。华州，位于屏障之后，因此热得要命。而做一个听命于上级的小官吏，是非常令人讨厌的，杜甫也丝毫不掩饰对自己命运的失望。他向窗外望去，希望能越过沟壑上由一棵青松所架起的危险的桥，从此永远告别官场。在下面这首诗中，他毫不隐藏地表达了自己的异想天开：

早秋苦热堆案相仍

七月六日苦炎蒸，对食暂餐还不能。
每愁夜中自足蝎，况乃秋后转多蝇。
束带发狂欲大叫，簿书何急来相仍。 309
南望青松架短壑，安得赤脚踏层冰？

——卷五，第一九七页

我的读者只要看一眼地图，就会知道大西道（the Great West Road）穿过华州。我请求他们考虑一下这句简单的话意味着什么。千百年来，人与畜都在这条路上来回跋涉。这条路始于东海之滨，沿着黄河，切开河南和山西的黄土地带，经过高大的潼关，沿着终南山麓绕过关中平原，在甘肃陇山层层上升，穿过玉关[①]，最后蜿蜒穿越中亚的沙漠，连接远东和遥远的西方：真是一条神奇的交通要道！

在这条要道上，杜甫看见无数的武装的军队，东来西往，就像他们今天在同一条路上经过一样。我不详细说明他所描述的东西方向的行军，因为我已经试图在书后的

① 即玉门关。——译者注

《历史年表》中概括了这种情况。卷五中第六和第七两首诗的题目是《观安西兵过赴关中待命二首》。

这些士兵由李嗣业将军统率，他已经平定了西部边
310 境，现在要来和郭子仪一同讨伐叛军余孽，这些残余部队似乎确实不容易对付。

第八首诗叫做《留花门》。我们记得，至德元载的秋天，杜甫在去往灵武投奔肃宗的途中，遇到一位恐惧战栗的王孙，当时他还没有落入叛军之手，杜甫曾向王孙预言，作为盟军的花门[①]军队一定会到来。这些士兵们割伤了自己的脸，以表诚意。现在，至少西边是和平的，杜甫认为，让这些“北方天骄子”滞留不归是一个严重的错误，他们自大傲慢目中无人，他们食畜肉、衣其皮，蛮横到极点。秋高气爽的时节，马儿膘肥体壮，他们总是会穿越边境，劫掠汉人收获的庄稼。他写道：

修德使其来，羁縻固不绝。

当一个受过高等教育的人拜访一个地位低下、没有

① 唐代在居延海北三百里设花门山堡，天宝时回纥驻军于此，以后“花门”代指回纥。——译者注

受过教育的人的家时，人们会说他使其蓬荜生辉，反之亦然。胡人因为吃肉、穿皮衣而身有异味，杜甫认为他们的进进出出“暗金阙”。事实上，他几乎不把他们当人类看待，在谈到他们时，他还轻蔑地使用了“物”这个词。我没有引用这首诗，因为它太长了，充满了典故。诗中他还提到了一件发生在当年七月的感人事件，即肃宗十四岁的 311
小女儿宁国公主离京，和亲回纥可汗。这种通过公主出嫁

图50　宁国公主离京

来巩固联盟的习俗在中国经常被采用，当然对剧中的主角来说是相当痛苦的过程，她必须以沙漠的荒凉来取代“汉月”。这一次，天子亲自将他的女儿送至咸阳外的磁门驿，由此出发前往沙漠地区。小公主临别时说：

312 **国家事重，死且无恨。**

肃宗沉默无语，回到宫里，泪流满面。杜甫描述这场别离的两句是这样写的：

公主歌黄鹄，君王指白日。

小公主唱的这首歌是汉代的一位公主写的，她与这位汉家公主有着同样的处境，她渴望自己变成一只黄鹄，飞回自己的家。“君王指白日”说的是一个叫于公（Yü Kung）跟一个叫夏（Hsia）的人战斗的故事：太阳快要落山了，一场胜负未定的较量即将结束。这时，于公一箭射在红色的圆球上，圆球顺从地升上天空，他圆满地结束了较量。从那些遥远的日子开始，这句话就一直被用于向一个痛苦的离去之人告别。[①]

花门的整件事情，以及他们的到来所暗示的一切，使杜甫痛苦悲伤。因此，当他发现即使在华州他也有志趣相投的朋友邀请他去休闲娱乐时，他的痛苦至少暂时得到了缓解，这是一件令人宽慰的事。

崔氏东山草堂

爱汝玉山草堂静，高秋爽气相鲜新。 313
有时自发钟磬响，落日更见渔樵人。
盘剥白鸦谷口栗，饭煮青泥坊底芹。
何为西庄王给事，柴门空闭锁松筠？

——卷五，第二〇三页 314

“西庄”就是著名诗人、政治家王维的园子。我们应该还记得，王维被安禄山强迫去做官，所以现在受到了怀疑。然而，悲伤的诗紧随其后，表现了杜甫的沮丧情绪。他自己就是那匹刻画得细致入微的瘦马。

① 这个故事未查到出处，此处人名为音译。——译者注

图51　楼

瘦马行

东郊瘦马使我伤，骨骼硉兀如堵墙。

绊之欲动转欹侧，此岂有意仍腾骧？

细看六印带官字，众道三军遗路旁。

皮干剥落杂泥滓，毛暗萧条连雪霜。

315 去岁奔波逐馀寇，骅骝不惯不得将。

士卒多骑内厩马，惆怅恐是病乘黄。

当时历块误一蹶，委弃非汝能周防。

见人惨澹若哀诉，失主错莫无晶光。

天寒远放雁为伴，日暮不收乌啄疮。

谁家且养愿终惠，更试明年春草长。

——卷五，第二〇四页

遣　兴

一

我今日夜忧，诸弟各异方。

不知死与生，何况道路长。 316

避寇一分散，饥寒永相望。

岂无柴门归？欲出畏虎狼。

仰看云中雁，禽鸟亦有行。

——卷五，第二〇五页

二

蓬生非无根，漂荡随天风。

天寒落万里，不复归本丛。

客子念故宅，三年门巷空。

怅望但烽火，戎车满关东。

生涯能几何，常在羁旅中！

——卷五，第二〇五页

我要引用两首诗来结束这一部分，这两首诗写于一年中最短的一天——一个最庄严的时刻。一次重要的朝会在皇宫大殿举行，官员们身着华丽的红绿朝服，挤满了皇
317 宫。从一只巨大的金色麒麟状香炉里升起袅袅香烟，大殿里排列着高耸的孔雀羽毛扇子，两边各延伸着七十八只，总共是一百五十六只！天子登上御座的时候，两排羽扇交叉挡在他前面，避免直视天子。当他的长袍叠放整齐后，一切准备就绪，羽扇才慢慢分开，露出了这位身穿龙袍者的神圣面容，然后羽扇慢慢移回到原来的位置。

这是杜甫前一年在京城参加天子朝见大礼时所见到的情景。今年，他，一个微不足道的小人物，只能出现在一个小小地方官的随从队伍中。

至日遣兴，奉寄北省旧阁老、两院故人二首

一

去岁兹辰捧御床，五更三点入鹓行。

欲知趋走伤心地，正想氤氲满眼香。 318
无路从容陪笑语，有时颠倒著衣裳。
何人却忆穷愁日，日日愁随一线长。

——卷五，第二〇六页

二

忆昨逍遥供奉班，去年今日侍龙颜。
麒麟不动炉烟上，孔雀徐开扇影还。
玉几由来天北极，朱衣只在殿中间。
孤臣此日肠堪断，愁对寒云雪满山。 319

——卷五，第二〇六页

II. 访东京

乾元元年十二月—乾元二年春

（公元758年—759年）

军事形势，特别是指挥权不统一的问题，使杜甫非常焦虑。他认识到，郭子仪所具有的才能能够最终挽救唐王朝。他相信除非郭子仪掌握了最高的指挥权，否则不可能实现永久的和平。

农先生睿智地点了点头，说："第一次世界大战时也是这样。在协约国军队统一指挥之前，他们无法取得真正的进展。"

杜甫也相信，无论对错，学者的建议应该听取，他们的学识应该为国家服务。此外，他对如何战胜叛军也有非常明确的想法。

在这一年的十二月，他获准休假，便出发前往东京洛阳，然后去了郭子仪率领的唐军指挥部，他带着精心准备的作战计划，确信能最终消灭叛军。遗憾的是，计划太长太复杂，无法引用。这个计划显然是经过了深入研究的，说明杜甫对当时的地形和人员都很熟悉。

那位伟大的将军是否听从了杜甫的建议，或者从中受益，我们不得而知，因为在黄河两岸实现和平之前，杜甫早已离开了关中平原，再也没有回来。

《杜诗镜铨》里收录了写于从华州到东京途中的六首
320 诗，我在此引用其中三首。第一首诗中提到的"茯苓"，
是一种形极粗大的菌类，生长在大松树下，二月和八月采集，阴干，用作药物。第三首诗中描述的沙尘暴，去过中国北方的人和住在北方的居民都普遍经历过，由于北方

在冬季的几个月里没有降雨，有时整个土地表面都会吸引空气。

路逢襄阳杨少府入城，戏呈杨四员外绾

寄语杨员外，山寒少茯苓。
归来稍暄暖，当为劚青冥。
翻动神仙窟，封题鸟兽形。
兼将老藤杖，扶汝醉初醒。

——卷五，第二〇七页 321

赠卫八处士

人生不相见，动如参与商。今夕是何夕，共此灯烛光？
少壮能几时？鬓发各已苍。访旧半为鬼，惊呼热中肠。
焉知二十载，重上君子堂？昔别君未婚，男女忽成行。
怡然敬父执，问我来何方。问答乃未已，儿女罗酒浆。
夜雨翦春韭，新炊间黄粱。主称会面难，一举累十觞。 322
十觞亦不醉，感子故意长。明日隔山岳，世事两茫茫！

——卷五，第二〇七页

冬末以事之东都，湖城东遇孟云卿，复归刘颢宅宿，宴饮散因为醉歌

疾风吹尘暗河县，行子隔手不相见。
湖城城东一开眼，驻马偶识云卿面。
323 向非刘颢为地主，懒回鞭辔成高宴。
刘侯欢我携客来，置酒张灯促华馔。
且将款曲终今夕，休语艰难尚酣战。
照室红炉促曙光，萦窗素月垂文练。
天开地裂长安陌，寒尽春生洛阳殿。
岂知驱车复同轨，可惜刻漏随更箭。
人生会合不可常，庭树鸡鸣泪如线。

——卷五，第二〇八页

东京位于河南府，根据杜甫自己的说法，当时他住在陆浑
324 庄，他的弟弟似乎跟那里有联系，他终于得知了弟弟的消息。

忆弟二首

一

丧乱闻吾弟，饥寒傍济州。

人稀书不到，兵在见何由。
忆昨狂催走，无时病去忧。
即今千种恨，惟共水东流。

——卷五，第二一二页

二

且喜河南定，不问邺城围。
百战今谁在？三年望汝归。
故园花自发，春日鸟还飞。
断绝人烟久，东西消息稀。

——卷五，第二一二页 325

得舍弟消息

乱后谁归得，他乡胜故乡。
直为心厄苦，久念与存亡。
汝书犹在壁，汝妾已辞房。
旧犬知愁恨，垂头傍我床。

——卷五，第二一二页

杜甫再次“观兵”的一首诗不太长，我引用在此。但

是，不长也并非一点儿不复杂。诗中所说的“貔虎”指这些士兵，他们是由李嗣业率领的进一步的增援部队，由北庭而来，北庭地处遥远的新疆地区。“妖氛”指的是安庆绪和史思明的叛军。还在等待“琱戈”的元帅当然就是指郭子仪。注释者指出，诗的末尾两句表明杜甫了解兵法，他意识到“叛乱的根源”在于辽海之滨的范阳，而非邺城

图52　非邺城及其周边地区

及其周边地区，因此他断言应该像攻击野生动物一样直捣其“巢穴”。紧跟其后的是一首《洗兵马》，我不引用了，326
但它在打造历史记录方面非常有用。

观　兵

北庭送壮士，貔虎数尤多。327
精锐旧无敌，边隅今若何？
妖氛拥白马，元帅待琱戈。
莫守邺城下，斩鲸辽海波。

——卷五，第二一三页

杜甫还写了一个年轻有为的从弟的死讯，显然他是第一次听到这个消息。

不　归

河间尚征戍，汝骨在空城。
从弟人皆有，终身恨不平。
数金怜俊迈，总角爱聪明。
面上三年土，春风草又生。

——卷五，第二一四页

个人的悲伤、对国家的忧虑、对流放的挚友——郑
虔、李太白、房琯和严武的命运的苦恼，都压在杜甫身
328 上，使杜甫感到异常孤独。

独　立

空外一鸷鸟，河间双白鸥。
飘飖搏击便，容易往来游。
草露亦多湿，蛛丝仍未收。
天机近人事，独立万端忧。

——卷五，第二一四页

III. 返回华州

乾元二年春

（公元759年）

晚春时节，杜甫再次踏上大西道，返回了他的岗位。黄河两岸的军事形势十分危急。每一个十四岁以上的男性都被强征入伍，每一件防御武器也都被征用了。杜甫所说

的“长戟”，就是叉形长矛和带有新月形刀刃的戟，由于经常使用而亮光闪闪。

我的一位朋友是过去几年里目睹了大西道上发生的事件为数不多的西方人之一。他告诉我，人们仍然可以看到许许多多这样的武器。就像很久以前杜甫在村子里遇到征兵官员时一样，强征入伍随处可见。杜甫在他的六首著名的诗歌中，描写了这种悲惨的状况，以及人口的大量减少
和各种各样残酷的生离死别。第三首《石壕吏》，收录在 329
《松花笺》中。我的那位朋友说，其他几首足以描述几个月前的情况了。如下：

一

新安吏

客行新安道，喧呼闻点兵。借问新安吏：县小更无丁？

府帖昨夜下，次选中男行。中男绝短小，何以守王城？

肥男有母送，瘦男独伶俜。白水暮东流，青山犹哭声。 330

莫自使眼枯，收汝泪纵横。眼枯即见骨，天地终无情。

我军取相州，日夕望其平。岂意贼难料，归军星散营。

就粮近故垒，练卒依旧京。掘壕不到水，牧马役亦轻。
况乃王师顺，抚养甚分明。送行勿泣血，仆射如父兄。
331 ——卷五，第二一九页

二

潼关吏

（桃林一战发生在黄河岸边，哥舒翰在此损失了精锐部队）

士卒何草草，筑城潼关道。大城铁不如，小城万丈馀。
借问潼关吏：修关还备胡。要我下马行，为我指山隅：
连云列战格，飞鸟不能逾。胡来但自守，岂复忧西都？
332 丈人视要处，窄狭容单车。艰难奋长戟，千古用一夫。
哀哉桃林战，百万化为鱼！请嘱防关将，慎勿学哥舒！
——卷五，第二二一页

四

在中国，婚姻历来都是一件极其重要的复杂事务。一个父亲如果没有郑重考虑如何安排这样的重大仪式，那就是对女儿犯下的最大错误；一个女儿要是反对这些安排，也是最大的不孝。一首古老而流行的小调唱道：

嫁鸡随鸡，嫁狗随狗。嫁个棒槌跟着走。

图53　姑娘发式

孩童时代就订下婚约，当女孩长到十六或十七岁时完婚，这称为“结发”婚姻，因为婚后，姑娘时期的发型就被废弃了。新娘要一直待在她的新房里，直到婚礼后的第三天黎明，新郎带着她面见公婆，她把手举到低垂的头上，向他们表示敬意，从而接受了他们的
权威，并被他们接纳为家族成员。尽管婚姻本身是圆满的， 333
但是在这个仪式完成以前，她的位置是模棱两可的。例如，如果她在这三天内死亡，她的遗体就会被归还给娘家安葬。

在下面这首诗的开头，新娘没有使用普通的对妻子的比喻，即将妻子比作藤萝依附在美丽的大树上，而是把自己比作兔丝，想要寻求支撑，却只能找到短命的蓬麻。在中国人看来，一个士兵的寿命是不确定的，永远无法与象征长寿的松树相比。

新婚别

兔丝附蓬麻，引蔓故不长。嫁女与征夫，不如弃路旁。
结发为君妻，席不煖君床。暮婚晨告别，无乃太匆忙。
334 君行虽不远，守边赴河阳。妾身未分明，何以拜姑嫜？
父母养我时，日夜令我藏。生女有所归，鸡狗亦得将。
君今往死地，沈痛迫中肠。誓欲随君去，形势反苍黄。
勿为新婚念，努力事戎行。妇人在军中，兵气恐不扬。
335 自嗟贫家女，久致罗襦裳。罗襦不复施，对君洗红妆。
仰视百鸟飞，大小必双翔。人事多错迕，与君永相望。

——卷五，第二二二页

五

垂老别

四郊未宁静，垂老不得安。子孙阵亡尽，焉用身独完？
投杖出门去，同行为辛酸。幸有牙齿存，所悲骨髓干。

男儿既介胄，长揖别上官。老妻卧路啼，岁暮衣裳单。 336
孰知是死别，且复伤其寒。此去必不归，还闻劝加餐。
土门壁甚坚，杏园度亦难。势异邺城下，纵死时犹宽。
人生有离合，岂择衰盛端。忆昔少壮日，迟回竟长叹。
万国尽征戍，烽火被冈峦。积尸草木腥，流血川原丹。
何乡为乐土？安敢尚盘桓？弃绝蓬室居，塌然伤肺肝。 337

——卷五，第二二三页

六

无家别

寂寞天宝后，园庐但蒿藜。我里百馀家，世乱各东西。
存者无消息，死者为尘泥。贱子因阵败，归来寻旧蹊。
久行见空巷，日瘦气惨凄。但对狐与狸，竖毛怒我啼。
四邻何所有？一二老寡妻。宿鸟恋本枝，安辞且穷栖。 338
方春独荷锄，日暮还灌畦。县吏知我至，召令习鼓鞞。
虽从本州役，内顾无所携。近行止一身，远去终转迷。
家乡既荡尽，远近理亦齐。永痛长病母，五年委沟溪，
生我不得力，终身两酸嘶。人生无家别，何以为蒸黎？ 339

——卷五，第二三四页

IV. 华州

乾元二年，夏秋

乾元二年，夏季干旱，加上如影随形的饥荒，使本已苦难深重的“黎民百姓”更是雪上加霜。

夏日叹

夏日出东北，陵天经中街。
朱光彻厚地，郁蒸何由开？
上苍久无雷，无乃号令乖？
雨降不濡物，良田起黄埃。
340 飞鸟苦热死，池鱼涸其泥。
万人尚流冗，举目唯蒿莱。
至今大河北，化作虎与豺。
浩荡想幽蓟，王师安在哉？
对食不能餐，我心殊未谐。
……

——卷五，第二二六页

夏夜叹

永日不可暮，炎蒸毒中肠。
安得万里风，飘飖吹我裳？
昊天出华月，茂林延疏光。
仲夏苦夜短，开轩纳微凉。
虚明见纤毫，羽虫亦飞扬。341
物情无巨细，自适固其常。
念彼荷戈士，穷年守边疆。

图54　开轩

何由一洗濯，执热互相望？

342 竟夕击刁斗，喧声连万方。

青紫虽被体，不如早还乡。

北城悲笳发，鹳鹤号且翔。

况复烦促倦，激烈思时康。

——卷五，第二二七页

无法获得食物，但是还得喂养孩子。熊儿和骥子都在成长之中，必须吃饱，但没有提到他们的姐妹。我们还记得，饥饿已经夺去了家里的一个人。如果要让孩子们有饭吃，他们的父亲显然必须放弃官场生活，把他们带到国内有饭吃的地方去。似乎没有别的路可走了，杜甫决定按指示的路走。因此，他辞去了官职。

立秋后题

343 日月不相饶，节序昨夜隔。

玄蝉无停号，秋燕已如客。

平生独往愿，惆怅年半百。

罢官亦由人，何事拘形役？

344 ——卷五，第二二八页

附　录

摘自《杜诗镜铨》中的杜甫诗歌篇目

卷一

① 页码均为原书中页码。——译者注

卷二

卷三

卷四

卷五

卷十三

卷十四

卷十七

卷十八

杂诗及摘录

地形注释

我们难以认识到中华帝国的疆域之辽阔，一个主要的困难在于，除了墨卡托（Mercator）投影以外，没有一幅中国地图，其比例能与世界知名地区的地图相匹配。以普通地图册为例：瑞士地图以 1:20 万的比例显示，这一比例为每英寸 15 至 16 英里；而包括中亚大部分地区的中国地图以 1:32 万的比例显示，这一比例约为每英寸 50 英里。现在很少有人考虑到规模这个重要的问题，因此，人们对远东的普遍概念就不准确。

杜甫这本传记中所记录的事件发生在这个庞大帝国的部分地区，而西方旅行者却知之甚少。在一个古老的舞台上，几个世纪以来，中国历史上的重要角色粉墨登场；此外，由于天然的屏障，这个舞台与帝国其他更易进入的地区分隔开来。

甘肃、陕西和山西省，占据了十八省（现在的划分）[1] 的

① 此指清代时汉族的主要居住区。——译者注

西北角，是通往中亚的梯子，中亚则是世界的屋脊。

昆仑山的支脉从西北到东南贯穿甘肃和陕西两省，两省北部都紧临蒙古高原隆起的山脊。山脉从西北走向东南，黄河（中国人称之为“河”）则从西南流向东北，斜穿过甘肃省。由于河床布满岩石，前进非常艰难。然而，在它的推动 351
下，山脉底部高达 20,000 英尺；它在鄂尔多斯（沙质荒原）以外形成一个巨大的半圆形，这是蒙古高原的南部延伸；然后黄河改道向南，奔向阳光之地，将陕西和山西分隔开，途中吸纳了洛河。杜甫看到了洛河的泛滥，以及无数其他溪流从东西两侧汇入其中。然而，这条向南的路线突然被巍峨的西岳华山和昆仑山的延续——秦岭山脉所阻挡。秦岭自西向东横贯陕西，在河南中部的平原地带开始下沉。黄河中途停驶，来了个急转弯，与原先的河道成直角，朝着正东方向奔流入海。在这一突然转向所造成的弯角处，是中国最重要的战略要地——“潼关”，本书多有提及。这几乎是坚不可摧的门户，将东西两边分隔开来，并把陕西和甘肃划分在高山屏障的后面。

遗憾的是，我从未去过潼关，也从未上过黄河的堤岸。高达五百英尺的黄土墙，形成“以一挡千”的通道，我从来没有在其间穿行过。我也从来没有在通往潼关的高地上行走过，没有站在那里看到过清澈的渭河汇入黄河。我的确仔细阅读了西方旅行者的寥寥无几的记录，并步步紧随桑志华教士（Rev.Père Licent, S.J.），他花了十年的时间探索黄河流
352 域，并出版了一本关于该课题的极有价值的专著，描述了其地质构造，记录了动植物群落，绘制了每一寸路线的地图。但是，我还是没有亲眼见过潼关！这就是可悲的、无法逾越的事实。由陕西、山西和河南三省组成了一个永恒的三角，潼关就位于这个三角的中心地带，千百年来浸泡在部落争斗的鲜血之中。那么，我该怎么描述中华帝国的这一地区呢？然而，我觉得对我的读者来说，能够形象化地看到这个地方的地形是必不可少的，在那里仍然可以感受到古代中国的脉搏。因此，我翻开了那本著名的《在世界的屋檐上》（*On the Eaves of the World*），作者是已故的著名植物学家雷金纳德·法瑞尔（Reginald Farrer），他对潼关周围的黄土区域有着精彩的描述，我引用了其中的几段话。

> 我相信，这个神秘的词（黄土 loess）是李希霍芬（Richthofen）男爵发明的，因为它将经常出现，所以我现在必须给你们解释一下它的含义和包含的内容。在麦考利（Macaulayese）传统中，连“最普通

的小学生”也知道亚洲的中心是一片无生命的沙地荒野，面积巨大，历史悠久。现在，这种状态从一开始，大沙漠就习惯于……在一年中的头几个月变得焦躁不安、激动易怒，沙粒乘风而起，从而形成了沙尘暴……在正午时分，让整个世界笼罩在午夜般的昏暗之中。与之相比，伦敦最浓密的雾也不过是一层轻柔的薄雾……这种被驱动的泥沙据说就是黄土的最终秘密。数百万年来，当风骤起，沙漠就在东亚表面吹拂、飘浮和移动，不仅是在周期性的沙尘暴中……而是一年到头，简直令人难以想象。这些泥沙，在漫长的岁月里，已经在整个中国北方的地面上沉淀下来，形成了一层压缩的灰尘，现在已经有几百甚至几千英尺厚了……黄土如今形成了低矮的丘陵、所有的平原和可耕地。实际上，它是灰褐色的，一种坚硬而厚重的物
质，类似于干泥。它的颜色把荒凉散布在大地上，它 353
的线条单调乏味。不过也不全是这样，因为黄土有其奇特的开裂规律，喜欢裂开成深且直的缝隙和沟壑，这是粗心大意者的陷阱，也是旅行者最讨厌的地方，但这些缝隙和沟壑本身却仿佛一幅图画，笔直的槽行墙层层升起，这些平面就像一些绘制的舞台布景……

事实上，黄土区域的每一寸土地都被耕耘到了极致；它可以说是中国北方人的生活支柱，即使山林灌木愿意覆盖山坡，农民们也不允许它们这样做，因为他们急于从每一块土地上获得最大的谋生机会。结果，光秃秃的山丘被开垦成梯田，种植小米和谷物，为夏季的雨水提供了裸露的侧翼，在残酷的沟壑中，像伤口一样，四面都被割伤和撕裂，喧嚣而可怕，洪流奔腾而过，对所有人都形成威胁。对旅行者来说，黄土是个十足的麻烦……在夏天，黄土吹过所走的道路，掀起令人窒息的灰尘，扑面而来，笼罩全身。下雨时，黄土的轨迹变成了深潭和无法通行的泥沼，骡子和人都陷入其中好几个小时……

右侧，远处是山西一连串的山丘，沿着地平线耸立，一字排开，呈现柔和的蓝色，山脚下蜿蜒着黄河，流经与渭河汇合的地方便改道转向我们的右侧，一路奔流到海。左侧，逐渐映入眼帘的是巍峨高耸的秦岭，偶尔点缀着雪地。秦岭山脉以一条巨大的曲线形横贯整个陕西，从而将该省划分为两部分，形成两种气候。在这里，秦岭弯向黄河，黄河及其两岸的山脉汇聚于此，形成了中华帝国的大门，是通往北京和整个西北

> 地区的关键所在。
>
> 这里，陡峭的山峦之中，隐藏着坚固的潼关城，
> 四周的山坡上筑有高大的城墙。控制了潼关就控制了
> 整个中央帝国，控制了突厥斯坦和西藏，对皇城和沿
> 海各省便拥有了生杀大权；因为这是北京与通往莫斯
> 科和拉萨的所有内陆道路之间唯一的一条沟通渠道。
> 实际上，秦岭把帝国分割成了两半：有一条路从北方 354
> 通往海岸，要通过潼关的关隘；此外还剩一条路，沿
> 着更为艰难的南方的长江而下。难怪，潼关总是被重
> 兵把守，戒备森严……
>
> 一离开潼关，你就进入了广阔的关中平原。在你的左边，秦岭的曲线越来越壮观。

这就是杜甫生活之地的自然环境，除了青少年时代他在我们今天所说的江苏、浙江和山东旅行时以外，他在这里度过了四十八年，然后他离开了，再也没有回来过。

长安城位于潼关以西清澈的渭河沿岸，海拔高度1600英尺，长安城南面就是秦岭山脉。秦岭岩石陡峭，山路直上直下，急流以及幽暗的森林构成了一道难以逾越的屏障。长安现在叫西安，自唐代以来已经发生了很大的变化，虽然保

留了某些古迹，比如小雁塔和大雁塔，但是几乎所有古老建筑的痕迹都没有了。然而，《长安志》（地方记录）中的地图使我们能够追溯那些最重要的建筑物从前的位置。喜龙仁博士[①]（Osvald Sirén）大约六年前到西安旅行并进行了仔细的测量，由此他得出结论，现在的南城墙的位置可能就是杜甫时代皇城南墙所在的地方，但在进行科学的发掘之前，一切都无法证实。大明宫（意为“光辉灿烂的宫殿”）的遗址可以辨认出来，其中一座大殿的泥土基座平台，位于西安市北
355 城墙之外。法瑞尔说：

> 唉！唐宫的废墟比阿努拉达普拉（Anuradhapura）[②]的黄铜宫殿废墟更残破，更能激发人们的想象力。穿过城墙上的隧道拱门，你会发现自己置身于一大片超级完美的长方形草坪上，那里没有任何人类居住的痕迹来打破这片连续不断的草坪，除了远端有一块不规则的巨大岩石。他们说，岩石上还保留着武则天的手印。

---

① 喜龙仁（Osvald Sirén，1879—1966），艺术史学家、汉学家，曾任瑞典斯德哥尔摩大学美术史教授，20 世纪 20 年代至 50 年代多次访问游览中国各地的古建筑和文化景点，留下了大量珍贵图片资料。——译者注

② 阿努拉达普拉，斯里兰卡古都和佛教圣地，位于斯里兰卡中北部。——译者注

长安所在的位置，正是中国人称为“中原”的地方，位于“关中”地区。《辞源》对“关中”一词的解释，引用了《关中记》中的一段话：

东自函关（位于河南，老子出此关时将《道德经》给了函关太守），西至陇关（即陇山关），二关之间谓之关中。[①]

有时“关中”一词所指的范围更大，意思是“四方之内”，但在说明唐朝历史时，前一个定义是正确的。

除了这两个关隘之外，潼关和较远的西部的玉门关，也总是出现在中国诗人的诗歌中。

正如我说过的，很少有西方旅行者的足迹遍布陕西，但就在不久前，一位英国领事官员台克满先生（Teichman）沿着杜甫在《北征》一诗中所描述的路线，从凤翔走到了鄜州北边的延安。我引用几段他对这次旅行的叙述：

在凤翔休息了几天，我们就开始了陕北黄土高原

① 参见《辞源》（第三版），北京：商务印书馆 2018 年版。——译者注

的长途旅行，此行最远到达延安府。我们发现自己所在的那个方向上没有什么主要公路……我们不得不申请……从一个地区的城市到另一个地区城市的计划，按照规定的方向前进，直到我们在耀州上了从西安到
356 延安的大公路。从凤翔到耀州，我们的路线穿过了广阔的黄土高原……西北部高达4000多英尺。它有一个明显的向东南方向倾斜的坡度，与泾河的深峡和许多其他相同流向的河流的溪谷相交，黄土中有无数的裂谷和缝隙，深度从10英尺到500英尺不等。在高原上沿着从西北到东南的斜坡上上下下，并非易事。但在横向上从西南到东北，由于需要不断地穿过黄土中的垂直裂缝，从深达近千英尺的泾河大峡谷到一百英尺深的干沟，我们的行军路线困难而艰辛。所有这些裂谷都与高原的斜坡走向一致，即东南方向，并且都有垂直的岩壁。这些裂谷的大小和频率随着高原的下降而增加，为了避开这些裂谷，我们的路线尽可能地保持在高地上……

鄜州，即今天的富县，一个二级地区城市，是一座古老的堡垒，守卫着这条通往古代中国心脏地带的公路，抵御来自北方的野蛮人的入侵。其城墙沿着山

> 坡向上攀爬，填满了大部分山谷。自从蒙古人不再具有威慑力，鄜州就完全失去了它从前的重要性，现在处于一种非常悲惨而衰败的状态……
>
> 鄜州城中心有一座古塔，塔内有一口唐代的古青铜钟，工艺精湛，是在周期性的袭击中幸存下来的唯一有价值的物品。从鄜州往西，有一条通往甘肃庆阳的小路，这是这一带为数不多的东西走向的道路之一。

这条向西的小路很可能就是杜甫在公元 756 年试图到达灵武投奔太子的路线，但他的企图因被捕而失败。台克满笔下的黄土沟壑与杜甫在《彭衙行》中提到的沟壑相似，不过那首诗中涉及的杜甫和家人的行程是从白水来到鄜州。 357

历史年表

唐代杜甫生平及相关事件年表

首字母“B. D.”指翟理斯教授（H. A. Giles）的《古今姓氏族谱》（*Biographical Dictionary*）里的条目。*表示此人在本书的传记索引中被提及。

杜甫生平，一岁

统治者：睿宗。年号：先天。先天元年，公元712年。

景云三年元月，年号改为太极；五月，改为延和；八月，改为先天。

杜公出生。

睿宗李旦（B. D. 1207），让位给他的第三子*李隆基（B. D. 1172）。李隆基登基时年仅二十七岁，庙号玄宗，人们常称他为“明皇”。他英明睿智，是一个优秀的领导者，受到官员的尊敬和家人的爱戴，他对家人非常忠诚。

杜甫生平，两岁

统治者：玄宗。年号：开元。开元元年，公元 713 年。

先天二年十二月，年号改为开元。

杜甫生平，三岁

统治者：玄宗。年号：开元。开元二年，公元 714 年。

武后统治期间，佛教方兴未艾，僧侣人数达到一万两 358
千以上。玄宗接受了宰相 * 姚崇（B.D.2431）的建议，驱散僧尼。除老弱病残外，令一万二千余人还俗，并禁止崇奉佛像，不得与僧侣往来。

商人们经由狮子国（锡兰）来到这里，在那里他们一直在寻找药草。他们讲述了自己国家（可能是苏门答腊）的鸟类和野兽的奇妙故事。

杜甫生平，四岁

统治者：玄宗。年号：开元。开元三年，公元 715 年。

杜公欣赏了公孙大娘的剑舞表演。

与某些中亚部落发展了更加密切的关系。[1] 吐蕃（藏族）

---

① 见《术语表》“突厥”。——原文注

联手大食（阿拉伯人），他们后来占据了今天的波斯。吐蕃和大食试图扶立阿了达为拔汗那[1]（即费尔干纳〔Farghanna〕）的王。拔汗那是一个公国，位于巴尔喀什（Balkash）湖以南、东突厥斯坦西北，形成了两个国家之间的一道屏障。如果他们实现了企图，中亚就会处于联盟的统治之下，谁也不知道历史的进程会如何改变！然而，拔汗那王匆忙赶到安西请求中国人的救援，张孝嵩将军率领由汉人和鞑靼人组成的一万余人的军队前往应援。他发起猛攻，大败阿了达。这场胜利的结果是中亚八国臣服中国，其中之一的大食力量迅速
359 壮大。这位中国将军满载荣誉，得胜而还，确立了拔汗那王的统治地位，并立柱刻字以纪念。

杜甫生平，七岁

统治者：玄宗。年号：开元。开元六年，公元 718 年。

杜公“开口咏凤凰”。

十一月，吐蕃在长安与唐朝缔结了和平条约。中国和近东之间的海上往来值得注意。

① 拔汗那国，中亚古国，西汉称大宛。——译者注

杜甫生平，九岁

统治者：玄宗。年号：开元。开元八年，公元 720 年。

杜公写“大字”。

杜甫生平，十一岁

统治者：玄宗。年号：开元。开元十年，公元 722 年。

西南边境爆发叛乱，其大首领自称为“黑帝”，占领了三十二个州县。叛乱被镇压，重新夺回东京（Tongking）[1]。

杜甫十二岁

统治者：玄宗。年号：开元。开元十一年，公元 723 年。

天下安定，皇帝趁机巡视北方各省，视察了李氏皇族的发祥之地——山西。 360

杜甫十三岁

统治者：玄宗。年号：开元。开元十二年，公元 724 年。

皇后王氏，没有子嗣，她的兄长从中谋划，以皇后之名请来一位僧人，祭拜南、北斗以求子。她被废为庶人，兄长

---

① 越南北部大部分地区的旧称。——译者注

被贬职[1]，僧人被赐死。十月，皇后郁郁而终。

皇帝接受了大臣 * 张说（B.D.134）的建议，巡视东部各省，并在东岳泰山举行了封禅大典。[2] * 房琯写了一篇《封禅书》，张说非常欣赏，将此文献于帝前。房琯则被授以官职。

杜甫十四岁

统治者：玄宗。年号：开元。开元十三年，公元 725 年。

这一年或者下一年，杜公开始了外出游历。

与东突厥建立了关系，东突厥人意欲为其首领求娶一位中国的公主，尽管他们的使者受到了体面的接待，但是并未被许婚，因而感到愤愤不平。

杜甫十五岁

统治者：玄宗。年号：开元。开元十四年，公元 726 年。

* 李林甫（B.D.1170）任御史中丞。他许诺在危难时保护 * 武惠妃的儿子，从而获得了这位最受皇帝宠爱的妃子的
361 感激而得势。

---

① 《旧唐书》记载，王皇后兄长被贬职，后被赐死。——译者注

② 开元十二年，群臣上表请封禅，到泰山举行封禅大典是在开元十三年。——译者注

进行了人口普查。全国有七百零六万九千五百六十五户，用中国人的话说，人口总共约为四千一百四十一万九千七百一十二。

十月间，从黑水河（满洲）来的使臣前来上贡。

与吐蕃（即西藏）之间烽烟再起，在玉门附近和青海湖（库库诺尔〔Kokonor〕湖）沿岸大战。这场战役不具有决定性意义，但吐蕃占领了瓜州。[①]

杜甫十六岁

统治者：玄宗。年号：开元。开元十五年，公元 727 年。

李亨，皇帝与杨氏之子，时年十七岁，被封为忠王。

吐蕃接近北突厥首领毗伽可汗，邀请他加盟，但是可汗立即修书送达皇帝，皇帝赞赏其行为，应许在位于黄河岸边、鄂尔多斯以北的受降城进行互市。此外，中国还承诺每年向可汗赠送丝绸，并获得戎马作为回报。可汗友好仁善，其称号为“左贤王”。

---

① 瓜州，在今甘肃省酒泉市瓜州县。吐蕃攻陷瓜州，是在开元十五年，公元 727 年。——译者注

杜甫十七岁

统治者：玄宗。年号：开元。开元十六年，公元 728 年。

皇帝派遣使者册立喀什噶尔（Kashghar）王安定[1]为疏
362 勒王。

杜甫十九岁

统治者：玄宗。年号：开元。开元十八年，公元 730 年。

吐蕃遣使来唐朝缔结和平条约，并为其首领求娶公主。

蒙古东部的突厥部落奚和契丹进犯边境。忠王李亨被任命为河北道元帅，率领军队与蒙古地区的突厥和契丹人作战。

杜甫二十岁

统治者：玄宗。年号：开元。开元十九年，公元 731 年。

弱冠之年，杜公在吴越间游历。

吐蕃派使臣前来迎娶应允和亲的公主，并请求送给他们一套中国经典著作。是否应批准这第二项请求，朝廷里意见不一。一位高级官员认为，吐蕃凶狠暴躁，世代与中央帝国

① 即疏勒王裴安定。——译者注

为敌，如果再加以引导，使其在残暴中又增添了智谋，那他们的力量将是致命的。另一位官员则加以辩驳，阐述了教育的人性化效果，并表示他相信，当吐蕃吸收了经典书籍中的知识后，他们就不会再想打仗了。于是，书就送了过去。

平定契丹。 363

杜甫二十一岁

统治者：玄宗。年号：开元。开元二十年，公元 732 年。

进行人口普查，全国共七百八十六万一千二百三十六户，人口总共约四千五百四十三万一千二百六十五。

与契丹在东北边境再次爆发严重冲突。

杜甫二十二岁

统治者：玄宗。年号：开元。开元二十一年，公元 733 年。

早在一个世纪以前，唐太宗已将帝国划分为十道，在卷末的地图上用数字表示出来。这十道如下：一、关内道；二、河东道；三、河北道；四、陇右道；五、河南道；六、山南道；七、剑南道；八、淮南道；九、江南道；十、岭南道。中国人称黄河为“河”，称长江为“江”。

在这一年里，玄宗进一步划分“道”，如下：西京和东

都周围地区称为“畿”，即属于统治者的领地；山南道和江南道分别划出东西两道。

杜甫二十三岁

统治者：玄宗。年号：开元。开元二十二年，公元 734 年。

涅礼被册封为契丹首领。[①] 毗伽可汗去世，其子登利
364 继位。

杜甫二十四岁

统治者：玄宗。年号：开元。开元二十三年，公元 735 年。

杜公从吴越返回，前往京城，科举落榜。

美艳绝伦的杨玉环成为寿王妃，寿王是皇帝和武惠妃之子。

吐蕃的新麻烦。唐节度使崔希逸与吐蕃边将达成了一项庄严的协议，双方承诺不再进攻，并各杀一条白狗以示诚意。不幸的是，吐蕃国王袭击了小勃律的一个部落；他们的统治者立即向中国朝廷寻求帮助。这一请求得到了应允。崔希逸的军队在另一位将军的指挥下，出兵攻打立誓相好的吐

---

① 事在开元二十三年，公元 735 年。——译者注

蕃，进行突袭，把他们赶到了青海西部，仓皇逃散。吐蕃自然暴跳如雷，一切和平的想法都终结了。[1]立约的崔希逸，为人正直诚实，却郁郁而终。

唐朝承认涅礼为契丹首领，涅礼却以侵扰边境作为回
报，并且打败了唐将 * 安禄山（B.D.11），安禄山被执送京
师。然而，他却迷住了玄宗，他的战败得到了宽恕，并被指
派了一个山东的职位。尽管睿智的宰相 * 张九龄（B.D.38）
表示了异议，但不幸的是，他的影响力正在减弱。张九龄反 365
对废黜太子李瑛和他的两个兄弟（见“李林甫生平”），因此
得罪了武惠妃和她的亲信李林甫。不久，张九龄便被罢相，
调往东北。李林甫接替他担任了宰相。[2]从此以后，没有人
敢于发表诚实的意见，人人惧怕李林甫的势力。

杜甫二十五岁

统治者：玄宗。年号：开元。开元二十四年，公元 736 年。

礼部主管科举考试。

---

① 事在开元二十五年，公元 737 年。——译者注

② 安禄山战败免死、张九龄罢相，事在开元二十四年，公元 736 年。——译者注

杜甫二十六岁

统治者：玄宗。年号：开元。开元二十五年，公元 737 年。

太子李瑛被判有罪，李瑛及其两个兄弟被流放，但随后改判赐死。

李林甫被封为晋国公。他建议立武惠妃之子寿王为太子，但是皇帝选立了忠王李亨为太子。[①] 李林甫忌恨李亨，从此一直伺机加害于他。

十二月，皇帝宠爱的武惠妃去世。

杜甫二十七岁

统治者：玄宗。年号：开元。开元二十六年，公元 738 年。

366 据《唐增要》[②] 记载，翰林院于当年开设。（一些专家认为设立日期为十七年之后。）

* 杨玉环，出家做了女道士，[③] 被纳入了皇帝后宫，并迅速升为六宫妃嫔之首的贵妃。她就是众所周知的杨贵妃（B.D.2394）。

吐蕃不断袭击边境城市，时有攻克。

---

① 李亨被立为太子，事在开元二十六年，公元 738 年。——译者注

② 应为《唐会要》的记载。——译者注

③ 事在开元二十八年，公元 740 年。——译者注

南诏王皮逻阁之孙派遣使节抵达长安。自公元七世纪初，南诏国就存在于云南大理的南部地区。

杜甫二十八岁

统治者：玄宗。年号：开元。开元二十七年，公元 739 年。

追谥孔子为文宣王，他的牌位面朝南安置，祭祀仪式也做了相应的改变。

李林甫在太子身边布满了密探，他奏称李亨企图“谋反”。玄宗立刻废除了太子妃，并将其兄弟贬职。[①]

南诏王将其俘虏的几个蛮族首领送到长安，献给皇帝。

杜甫二十九岁

统治者：玄宗。年号：开元。开元二十八年，公元 740 年。

进行人口普查。人口增长至一亿四千四百四十三万一千
零七十人。[②] 367

某些吐蕃人为了自己的利益充当了背叛者，极大地帮助

---

① 李林甫罗织罪名，太子妃韦氏兄弟贬职、流放，太子惧怕，以“情义不睦”为由请与韦妃离婚。唐玄宗同意了，于是韦妃削发为尼，居于禁中佛舍。事在天宝五载，公元 746 年。——译者注

② 据《资治通鉴》，当年人口为四千八百一十四万三千六百九。——译者注

了唐朝。

杜甫三十岁

统治者：玄宗。年号：开元。开元二十九年，公元 741 年。

杜公在东都洛阳。寒食节祭祀先祖亡灵。

中亚各部落之间混乱不堪，纷争不断。* 高仙芝（B.D.952）被派到玉门外的安西担任要职，统领四镇驻军。这四镇是焉耆（Karashar）、龟兹、疏勒（Kashghar）和于阗（Khotan）。

杜甫三十一岁

统治者：玄宗。年号①：天宝。天宝元载②，公元 742 年。

杜公在东京③洛阳。

玄宗越发宠爱杨家的女儿。剑南节度使发觉了这一状况，便将其族兄杨钊（后来改名国忠）纳入麾下，让他担任推官，并帮助他升至御前的监察御史。皇帝很喜欢他，赐名

---

① 正月，改了年号，“年”改称“载”，“时代的变革”。——原文注

② 天宝三年正月，唐玄宗改“年”曰“载”。此时应为天宝元年。——译者注

③ 天宝元年，唐玄宗改东都为东京。——译者注

“国忠”，意为对国家忠诚。他很不称职，在官员中引发诸多不满，但李林甫很高兴找到了一个可以利用的人来诬陷太子李亨。于是，国忠的势力日益壮大。 368

杜甫三十二岁

统治者：玄宗。年号：天宝。天宝二载[①]，公元 743 年。

中亚各部落一片混乱，唐将王忠嗣从中获利，并攻陷了大多数地方，拿下了其中十一个部落。回纥和葛逻禄联合，并推举了一位首领，获得玄宗认可，被册立为怀仁可汗。[②]

杜甫三十三岁

统治者：玄宗。年号：天宝。天宝三载，公元 744 年。

杜公在东京洛阳。

* 李太白（B.D.1181）在周边游历。

怀仁可汗自立为十一部落之王，并杀死了一个劲敌，将其首级献与玄宗。[③]

---

① 此时应为天宝二年。——译者注

② 事在天宝三载，公元 744 年。——译者注

③ 怀仁可汗献劲敌首级与玄宗，事在天宝四载，公元 745 年。——译者注

杜甫三十四岁

统治者：玄宗。年号：天宝。天宝四载，公元 745 年。

杜公与 * 高适（B.D.960）、李太白同在齐州。夏日，陪 * 李邕（B.D.1242）远足。

回纥部落首领怀仁可汗去世时，疆域广阔，东至贝加尔湖，西至阿尔泰山，南至大漠。可汗的儿子继任为首领，回纥分为九大部落。

369 唐朝在中亚的势力似乎在下降，而吐蕃的力量在增加。

杜甫三十五岁

统治者：玄宗。年号：天宝。天宝五载，公元 746 年。

杜公返回京城。

宦官首领 * 高力士（B.D.956）加官“骠骑大将军”，[①] 这严重违反了公认的程序。

玄宗喜欢游览古迹，并乐于保护这些遗址。他大兴土木，监督改造。骊山的建筑曾被称为“温泉宫”，现在更名为“华清宫”。[②]* 房琯，学识渊博，品味不凡，实为极大的助力。

---

① 事在天宝七载，公元 748 年。——译者注

② 更名华清宫，事在天宝六载，公元 747 年。——译者注

杜甫三十六岁

统治者：玄宗。年号：天宝。天宝六载，公元 747 年。

杜公响应皇帝诏令，但“失败落榜”，留在长安。

一道诏书令天下人才汇聚京城，测试学识。李林甫下令由尚书省主持考试。最后无一人考中。

吐蕃得到了勃律等国的帮助，停止向唐朝进贡；唐朝的
将军们试图迫使他们重新履行义务，但没有成功。中亚的霸
主地位问题对中国来说是一个重要的问题，影响着中国的威
望和物质实力。玄宗决定重拳出击。高仙芝率领一万步兵和 370
骑兵，出龟兹，向南行军至兴都库什（Hindu Kush）及更远
地区，打了一场非凡的胜仗，将中华帝国的疆域扩展到历史
上最远的地方。

与此同时，* 哥舒翰（B.D.980）埋伏在边境线上等待吐蕃的到来，准备了一次成功的伏击，俘虏了大量敌军。他被任命为陇右节度使。（见《唐代中国疆域图》）

杜甫三十七岁

统治者：玄宗。年号：天宝。天宝七载，公元 748 年。

杜公在长安。

杨贵妃的三位姐姐在一天之内受封；她的族兄也同时被授以官职。

南诏王卒，其子阁罗凤继位，受到皇帝册封。由于不满唐朝地方官员的行为，他向玄宗告状未果，发动叛乱，[①] 打败了派来讨伐他的军队，并与吐蕃结盟。唐军的这次战败被隐瞒，皇帝并不知情。[②]

哥舒翰任陇右节度使，达到了权力的鼎盛时期，他在西北边境修筑了城池。

杜甫三十八岁

统治者：玄宗。年号：天宝。天宝八载，公元 749 年。

杜公在长安和洛阳。

李林甫势力日渐壮大，人民越发不满。赵奉璋列出了李林甫的二十余条罪状上告，但是奏状尚未送至御前，李林甫就已得知此事，便派人逮捕了赵奉璋，并将其处死。他极力维护“他的领地”，即阁僚集团，使其不受有识之士的侵扰。

哥舒翰率领六万大军，大败吐蕃，但损失了一半的兵力。

---

① 阁罗凤发兵反唐，事在天宝九载，公元 750 年。——译者注

② 阁罗凤与吐蕃结盟，唐军战败被瞒报，事在天宝十载，公元 751 年。——译者注

吐火罗（土哈利斯坦〔Tukharistan〕）叶护请求发兵攻打朅师王。朅师王依附于吐蕃，阻断了小勃律与南方的交通。叶护提出了一个计划，可使帕米尔高原以外的中国领土统一到喀什噶里亚（Kashgharia）[①]，从而为抵御吐蕃入侵筑起坚不可摧的屏障。

杜甫三十九岁

统治者：玄宗。年号：天宝。天宝九载，公元750年。

杜公在长安。

此时，安禄山统辖河北的全部军队。“河”就是黄河。

二月，应吐火罗叶护请求，高仙芝领军出战，再次取得胜利，并俘虏了朅师王。他还囚禁了石国（即塔什干）王，其子逃脱，投奔了北方邻近的胡部落，痛苦地诉说高仙芝的
行为。胡部落听后大怒，暗中结交大食（即阿拉伯人），希 372
望与之共同攻打安西四镇。[②]

杜甫四十岁

统治者：玄宗。年号：天宝。天宝十载，公元751年。

---

① 近当代有些西方学者有时在喀什噶尔（Kashghar）后附加拉丁文表示地点的词尾 -ia，成为喀什噶里亚（Kashgharia）。——译者注

② 石国王子逃到胡部落，事在天宝十载，公元751年。——译者注

杜公在长安。献《三大礼赋》，玄宗大喜，命他在集贤院待诏。

杨国忠被任命为节度使，管辖现在的四川，他随后前往；鲜于仲通请求派七万人马，由他率领攻打阁罗凤，结果大败于泸州（Lu Chou）外水域。[①] 国忠不但对玄宗隐瞒了这次败绩，反而报告了大捷。

这两场战败是中国最精锐的部队被打败，唐朝的史书归结出各种不同的原因，如南方气候条件非常恶劣、军粮给养没有妥善安排、“瘴气”对北方人不利等。结果就是“无一车轮”得返。人们感到愤怒和怨恨，但没有人敢对皇帝提及一个字。

麻烦不仅仅限于西南地区。在东北，安禄山，身为契丹人，却率领三省军队攻打契丹各部落。他的先遣部队由两千名契丹骑兵组成，当他们到达契丹部落时，就都叛归到契丹那边。安禄山被打败，仅与麾下二十名骑兵逃脱。他请求增
373 援，援军的统帅是一个部落首领，他受到了皇帝的喜爱，并赐中国姓名李献忠。他不与安禄山为友，没有援助安禄山，

① 据《旧唐书》和《资治通鉴》的记载，鲜于仲通大败于泸南（在今云南）。泸州在四川。——译者注

而是回到了自己的部落。[①] 安禄山因此身处困境。

在中亚，也出现了很大的困难。高仙芝发觉了胡与大食（阿拉伯人）的结盟，他率领自己和拔汗那王的联合军队共计三万人马向他们进攻。在恒罗斯城两军遭遇，相持五日。与此同时，葛逻禄部众叛变，与大食夹攻唐军，高仙芝腹背受敌，在塔拉斯（Talas）河畔遭受了灭顶之灾，几乎全军覆没。

这场战役的重要性再怎么估计也不过分。它决定了中亚西部地区的命运，从那一刻起，这个地区越来越多地归于哈里发而不是天子的统治之下。

唐军俘虏被带回撒马尔罕（Samarqand），他们也将造纸技术带入了这个地方，在此之前，只有中国人掌握了这项技能，而阿拉伯人很快就把造纸技术传播到了四方。

杜甫四十一岁

统治者：玄宗。年号：天宝。天宝十一载，公元 752 年。

杜公在长安。

皇帝诏令，考试文章，由李林甫主持。杜公落选。

南方蛮族攻打四川，蜀人请求正逗留于长安的杨国忠返
回镇压。皇帝宠爱杨国忠，李林甫很是妒忌，他奏请皇帝派 374

① 李献忠叛归，事在天宝十一载，公元 752 年。——译者注

杨国忠前往。杨国忠流泪辞行。

十月，李林甫病重，在其临终前一两天，杨国忠从西部返回，接替他成为了右相。

杜甫四十二岁

统治者：玄宗。年号：天宝。天宝十二载，公元 753 年。

杜公在长安。

权力迅速膨胀的杨国忠，在公共场合和私人生活中都不遵从任何礼节。这时，安禄山深得皇帝欢心，“手中牢牢掌握着兵权”，控制着东北的军队。杨国忠妒火中烧，屡次向玄宗进言，说“安禄山有反状”。密探将此事报告给安禄山，他害怕杨国忠。

皇帝心中充满了猜疑，他把安禄山派去了边疆。安禄山走了，他的心情既愤怒又惊恐。安禄山图谋杀死杨国忠，杨国忠因此削弱了他的势力。随后发生的叛乱就根源于此二人之间的对立。

杜甫四十三岁

统治者：玄宗。年号：天宝。天宝十三载，公元 754 年。

杜公在长安。皇帝重封华山为“西岳”，杜甫进《封西岳赋》。

进行人口普查，共九百六十一万九千二百五十四户，[①] 人
数为五千二百八十八万零四百八十八口。 375

李宓率军远征南诏王阁罗凤，因饥饿和瘴疫损失了大量兵力，南诏王子在吐蕃的协助下打败了李宓。

杜甫四十四岁

统治者：玄宗。年号：天宝。天宝十四载，公元 755 年。

杜公被任命为河西尉，但其并未接受，又改任太子右卫率府胄曹参军。十一月，公赴奉先。

十一月间，安禄山“揭开了他的面具”，以讨伐杨国忠为名，率领二十万人起兵范阳，开赴南方，因此，“百姓、士兵，人人憎恨杨国忠，视其为祸根”。

玄宗意欲让太子监国，自己则亲自率兵征讨安禄山，他跟杨国忠商议此事，杨国忠大惊失色，派人把杨家的“姐妹”叫来商量对策。他们都很惊慌，他们很清楚，如果忠王李亨掌权，就会杀了他们。姐妹们急忙跑到贵妃那里，哭诉

① 据《资治通鉴》，当年总户数为九百零六万九千一百五十四。——译者注

着自己的恐惧。贵妃顾不得衣冠不整，嘴里衔着土块，立刻跑到皇帝面前。一个人想要表明自己犯了罪，一心求死，就
376 会有这样的做法。她的悲伤融化了皇帝，他放弃了他的计划。

陇右节度使哥舒翰被任命为元帅，率领二十万人的军队从西部赶来驻守潼关。荣王李琬和高仙芝组织了潼关的防卫，* 颜真卿（B.D.2461）保卫河北，即黄河以北。与此同时，安禄山步步进逼，渡过黄河，攻陷洛阳，自称大燕皇帝，改元圣武。[1]

杜甫四十五岁

统治者：玄宗。年号：天宝。天宝十五载，公元 756 年。

统治者：肃宗。年号：至德。至德元载（七月改换了年号）。

五月，杜公自奉先前往白水。六月，从白水至鄜州。听闻肃宗登基，他不顾身体虚弱和疲惫不堪，急忙赶去行在，却中途落入叛军之手，被带到长安关押了起来。

潼关，巍峨高耸，几乎是坚不可摧的，而经验老道的猛将哥舒翰打算死守到底。然而，身在长安的杨国忠却焦急万分，迫不及待地想要看到仇敌安禄山被碾为尘埃，便不断地

① 安禄山称帝改元，事在天宝十五载（至德元载），公元 756 年。——译者注

敦促皇帝命令哥舒翰出关作战，消灭叛军。他的坚持最终占
了上风，决定命运的旨意终于下达。哥舒翰违背了自己的意
志，怀着沉重的心情，带领他的士兵走出了那些高耸的、使
通关变得异常困难的黄土墙。而结果是致命的。六月初九， 377
他的军队遭受了毁灭性的失败，他本人也被俘。人们不愿意
相信他后来在叛军安禄山手下服役的说法，人们更愿意相信
《旧唐书》中的叙述，安禄山知道，只要英雄哥舒翰还活着，
他的征服就不可能是“完美的”，于是秘密地将其杀害。

尽管如此，潼关现在无人把守，安禄山可以长驱直入，进逼长安。长安上下，人心惶惶。明皇在花萼相辉楼上焦急地凝望着“平安火”——从潼关到长安，每隔几里地便建有一座瞭望塔，每晚燃亮火光便形成一条光链，以示一切平安。在六月的第十二天夜里，这条光链消失了。

不难想象，接下来的便是来去匆匆、令人窒息的磋商以及匆忙做出的决定。在杨国忠的劝谏下，皇帝不是“逃离”，而是立即幸蜀，即前往西部的四川省。他在炎热的夏季黎明前的那个凉飕飕的时刻离开：中国人称之为“凌晨”。随行者只有少数几个吓得脸色苍白的人，他们陪着天子走上这凄凉的临幸之路，其中有龙武大将军即禁军统帅陈玄礼、杨国忠、杨贵妃及其三姊——韩国夫人、秦国夫人和虢国夫人及

378 子女，还有高力士，他身躯高大，甚于他人。此外，还有太子李亨及其子女、太子强悍勇猛的女人张良娣及其后宫中的其他几个女眷。六月十三日黎明，微雨霑湿，这些人和一定数量的护卫人员出延秋门而去。天刚亮，这一行人渡过渭水后，为防追击，想把桥烧毁。——这一事件记录在《旧唐书·杨国忠列传》中。不过应该再说一句，《玄宗本纪》中记述，皇帝禁止毁桥，因为京城命运多舛，他不敢断绝了那些留守之人的逃生之路。

辰时，据我们估计，还不到早上九点，这群可怜的人到达了咸阳的望贤驿[①]。他们找不到食物，也没有马匹的饲料；当地官员已逃离，驿中空无一人。到了中午时分，皇帝坐在宫门前的一棵大树下，还没有进食。老农们哭泣着，端来了小米，匆忙做了一道菜，天子很感激地享用了，然后这一群人匆匆忙忙继续赶路。

第二天，到达了马嵬坡驿站，那是一个多岩石的斜坡。士兵们还没吃东西，已经饿坏了，他们群情激愤，怒不可遏，龙武大将军担心他们造反，就对他们说：

“今天下崩离，万乘震荡，岂不由杨国忠割剥氓庶，朝野

379 怨咨，以至此耶？若不诛之以谢天下，何以塞四海之怨愤！

① 一说为“望贤宫”。——译者注

众曰：'念之久矣。事行，身死固所愿也。'"[1]

此时，一位吐蕃使者恰巧经过，他跟站在马嵬驿站门口的杨国忠说话。那些疯狂的士兵，对任何借口都感到高兴，他们大呼杨国忠与吐蕃密谋叛乱，一拥而上，杀死了他。有记载说，"士兵们撕咬了他的肉"。他们在狂怒之下又杀了韩国夫人和秦国夫人，并声称祸根还没有清除，一定要取杨贵妃的性命。天子把脸藏在宽大的衣袖里，同意让她接受自己的命运。高力士领着她来到驿站的佛堂前，亲手把她缢杀。

杨国忠的妻子、虢国夫人和她的子女目睹了这可怕的一幕，他们慌忙骑马飞驰而去，马不停蹄，逃奔陈仓县。县令认出了他们，下令追赶。他们在一片竹林里被擒获，虢国夫人的子女当即被杀死。杨国忠的妻子感到逃脱无望，便哭着祈求虢国夫人立刻将她了断。虢国夫人便一剑刺死了她，随后自刎，但她没有断气。县令命人将她放在一辆马车上，带到监狱去。她坚持到最后，问道："这是国家士兵的行为还是强盗的行为？""的确有强盗，"那些人叫道——他们指的是
杨氏五人，"但我们是国家的士兵。"不久，刎伤出血凝结在 380
美丽的虢国夫人喉中，最终致其死亡。

与此同时，在马嵬坡，玄宗悲痛心碎，崩溃呆坐。陈玄

① 见《旧唐书·杨国忠列传》。——译者注

礼上前，为杨国忠的死谢罪，但是玄宗表示，他已认识到是杨国忠坚持让哥舒翰出关迎战才造成了如此致命的后果，他悲伤地继续说道：

“朝廷陷没，百僚系颈，妃主被戮，兵满天下，毒流四海，皆国忠之招祸也。”[1]

不久，皇帝的马车即将出发，老百姓都聚集到他们周围，皇帝命令太子宣慰父老乡亲。百姓哭着回答道：

“逆胡背恩，主上播越，臣等生于圣代，世为唐民，愿勠力一心，为国讨贼，请从太子收复长安。”[2]

明皇听说了这些话，说：“此天启也。”他随即命令高力士安排太子及其随从留下。然后，皇帝的马车出发西行。

史书详细记载了这一行程，这次旅行于七月十八日结
381 束，明皇到达了现在的四川成都，他的光辉已黯然失色。

追随皇帝西行之前，在马嵬坡，高力士向太子传达皇帝口谕：

“汝好去！百姓属望，慎勿违之。莫以吾为意。且西戎北狄，吾尝厚之，今国步艰难，必得其用，汝其勉之！”[3]

现在，太子妃嫔之首为张良娣，她的祖母是玄宗的姨

---

① 见《旧唐书·杨国忠传列》。——译者注

② 见《旧唐书·肃宗本纪》。——译者注

③ 见《旧唐书·肃宗本纪》。——译者注

妈。玄宗母亲在武后执政期间被武后所杀，玄宗则由姨妈照
顾抚养。因此，张良娣很受玄宗喜爱。她“辩惠丰硕，巧中
上旨”[①]。她意识到恳请太子接管事务的趋势是不容错过的机
会，所以她敦促太子同意并开始管理。忠王虽然不愿意这样
做，但还是转头向北，行至渭河，便桥已断，河水暴涨，也
没有船只。该怎么办呢？忠王想起了中国的两句谚语——近
水知鱼性，近山识鸟音——就号召沿岸百姓来帮助他。于是
来了三千多人，勇敢地跳下水，修筑了便桥，大队人马才得
以通过。接着又遇到了从潼关溃败下来的士兵，却误以为是
叛军而发生了战斗，造成了一定程度的混乱，队伍中的体弱
者被淹死了。但是，在上天的保佑下，太子及其宠爱的张良 382
娣、太子的两个儿子广平王和建宁王，以及四军将士，总共
不到两千人，继续向西北行进。一路之上，危险重重，每次
夜宿时，张良娣都坚持要挡在前面。她丈夫不同意，说：

“捍御非妇人之事，何以居前？”[②]

张良娣回答说：

“今大家跋履险难，兵卫非多，恐有仓卒，妾自当之，大家可由后而出，庶几无患。”[③]

---

① 见《旧唐书·肃宗张皇后列传》。——译者注

② 见《旧唐书·肃宗张皇后列传》。——译者注

③ 见《旧唐书·肃宗张皇后列传》。——译者注

百姓在路边献上酒和牛肉。夜幕降临时，他们到达永寿。突然，在西北方向，有白云升起，呈现出奇妙的形状，以至于人们认为这是天子之气。一行人继续行进，一天走了三百里路！但是成员数量迅速减少，证实了中国的那两句谚语——“家贫出孝子，国乱显忠臣。”达到彭原县外的驿站时，彭原太守李遵前来谒见，他率领着兵士，进献了衣服和食物，太子深感振奋。现在，这支队伍已不足五百人，李遵将他们迎进彭原城内。稍作停歇，太子便四处征招人马，数
383 百人响应。他们继续前往平凉，不断号召人民起来支援。

叛军当然已经占领长安，京城周边三个县的百姓都知道太子正试图组织进攻，并满怀希望地口耳相传“我们太子的大军将至”，而叛军则焦急地眺望西方，害怕黄色的沙尘云起，那预示着太子归来。虽然安禄山派他的官员四处向民众宣示他的和平意图，但叛乱者心中却潜藏着恐惧，民众也不愿接受他的使者。与此同时，各路领袖都组织了队伍来抵抗叛军，并互相协商，考虑如何平息叛乱。

太子在平凉重组人马，取得了成功，并接见了一些官员，这些人都力劝太子去朔方建立一个基地，以便进一步采取军事行动。太子大悦，表示同意，当他们离开平凉的时候，五彩祥云在空中飘浮，长寿的白鹤在空中飞旋。士兵出

发之后，一条黄龙从太子居住的地方腾空而去。行至丰宁南的黄河弯道时，忠王[①]认为此处乃黄河天堑，异常牢固，因此想整军北渡，在河对岸建立基地。然而，“突然之间，大风飞沙，跬步之间，不辨人物”。[②] 384

什么也做不了了，没有人能在这样的大风中前进。忠王转身朝灵武行进，风沙顿时停止，天地一片清朗。

最后，魏少游为太子准备好了衣食住行等一切所需。裴冕、杜鸿渐等人前来觐见，说：

“今寇逆乱常，毒流函谷，主上倦勤大位，移幸蜀川。江山阻险，奏请路绝，总社神器，须有所归。百姓颙颙，思崇明圣，天意人事，不可固违。伏愿殿下顺其乐推，以安社稷，王者之大孝也。”[③]

太子严词拒绝，说：

“俟平寇逆，奉迎銮舆，从容储闱，侍膳左右，岂不乐哉！公等何急也？”[④] 385

裴冕等人总计上书恳请六次，他们的言辞激切，太子再也无法拒绝了。因此，在七月甲子日，太子在灵武即皇帝

① 此时为太子。——译者注

② 见《旧唐书·肃宗本纪》。——译者注

③ 见《旧唐书·肃宗本纪》。——译者注

④ 见《旧唐书·肃宗本纪》。——译者注

位。仪式结束后，裴冕跪着进言道：

“自逆贼凭陵，两京失守，圣皇传位陛下，再安区宇，臣稽首上千万岁寿。”[①]

然而，太子深深叹息，流下了眼泪。

当天，将这件事奏报给上皇，也就是玄宗。夜幕降临前，新皇帝肃宗驾临灵武南门，下制曰：

“朕闻圣人畏天命，帝者奉天时。知皇灵眷命，不敢违而去之；知历数所归，补货已而当之。在昔帝王，靡不由斯而有天下者也。乃者羯胡乱常，京阙失守，天未悔祸，群凶
386 尚扇。圣皇久厌大位，思传眇身，军兴之初，已有成命，予恐不德，罔敢祗承。今群工卿士佥曰：‘孝莫大于继德，功莫盛于中兴。’朕所以治兵朔方，将殄寇逆，务以大者，本其孝乎。须安兆庶之心，敬顺群臣之请，乃以七月甲子，即皇帝位于灵武。敬崇徽号，上尊圣皇曰上皇天帝，所司择日昭告上帝。朕以薄德，谬当重位，既展承天之礼，宜覃率土之泽，可大赦天下，改元曰至德。”[②]

年号改为至德，大批官员晋升了官阶。

387 这些重大事件发生后六天，玄宗终于抵达了成都，传递

① 见《旧唐书·肃宗本纪》。——译者注

② 见《旧唐书·肃宗本纪》。——译者注

消息的使者整整一个月都穿梭在这两座“行在”之间，一座在最北方，一座在最西方。

八月初一，玄宗宣示了罪己的诏书，我并不全文引用。其中主要意思有五点：

1. 声称自己“薄德”。

2. 在他治理之下，国家陷入困境，对此表示痛惜。

3. 因为任用奸臣，所以接受谴责。

4. 重申他对太子的指示。

5. 大赦天下。

初十日，北方的使者到达，带来了册书，方知灵武之事。谁能知晓当时的明皇心中作何感想？整整四天，他痛苦万分，犹豫不决。十四日，他使用了儿子给他的“上皇”头衔，表示接受现在的形势。十六日，月圆之日后一天，他坐在窗边，亲手给这个儿子写下了一些慈父般的忠告，并承诺等到收复两京之时，他将以上皇的身份返回京城。

在这篇《年表》中，无法详细叙述皇权是如何逐步得以恢复的，这主要得力于 * 郭子仪（B.D.1075）和 * 李光弼（B.D.1162）的才能，他们是王朝的救星，也得到了吐蕃和回纥的帮助。

新皇帝史称肃宗，面临着巨大的困难。他虽然是一个具
有魅力和才智的人，但是性格懦弱，太容易对各方的建议给 388

予热情的回应。

首先是缺钱，但军饷是必须支付的，于是决定采用致命的方法——卖官。张良娣和大太监李辅国忙于国事，使大臣们大为恼火。

十月，陈陶和青坂战败，房琯牵涉其中，我在记述杜甫的生活经历时已经有过叙述，这不幸的灾难给位于阴郁的北方地区的“行在所”蒙上了一层更加幽深的阴影，新时代的第一年就此结束。

杜甫四十六岁

统治者：肃宗。年号：至德。至德二载，公元 757 年。

四月，杜公从叛军手中逃脱，北上凤翔投奔肃宗，被任命为左拾遗。他上书为房琯求情，皇帝勃然大怒，命令三司对杜公的行为进行审查。幸亏宰相张镐介入，求皇上原谅他，这才避免了审问。闰八月间，杜公前往鄜州探亲。十一月，朝廷已返回长安，杜公也来到长安，担任拾遗。

一月，安禄山死于其子安庆绪之手，安庆绪继承了父亲
389 的统治权。叛军虽然取得了一些胜利，比如夺取了河南睢阳（见 * 张巡〔B.D.63〕生平），但是叛乱开始瓦解，安庆绪及其他叛乱者，比如史思明等，开始在唐朝军队及其鞑靼盟军

面前败退。

二月，肃宗到达凤翔，召开会议，商讨尽快夺回两京的办法。所有公马和私马都被征用了。李光弼和郭子仪击败了叛军，收复了潼关以及河东地区。（见《杜甫行程图》）

三月，吐蕃派来使者表示友好，作为回报，唐朝派人出使吐蕃。

大雨一连下了十天，皇帝检视自身行为，从中寻找原因，他发布了一道对所有囚犯的减刑令。天放晴了。

闰八月，叛军突然袭击凤翔，但被击退，叛军损失惨重，所以他们从大军屯集的武功撤退，不敢再向西进攻。

肃宗封回纥首领为叶护，并将四千士兵归于叶护太子麾下，命其助国讨贼。当叶护亲自进宫觐见时，皇帝设宴款待，极尽礼遇。

丁亥日，肃宗之子元帅广平王率领二十万大军，向东进
攻叛军，双方交战于长安城西北。叛军大败，斩首六万级，390
叛军首领弃京城向东逃去。

当胜利的消息传到行在的时候，百官向皇帝鞠躬称贺；同一日便派遣信使翻越剑山向远在四川的上皇报告这个消息。上皇立即派遣裴冕入京，启告郊庙社稷已收复京城。

十月初一，乙巳日，肃宗下诏，曰：

“缘京城初收，要安百姓，又洒扫宫阙，奉迎上皇。以

今月十九日还京。”[①]

广平王继续向东推进，在如今的陕州（二十世纪战争的中心）给叛军造成了毁灭性的打击。横尸三十里，斩首十万级。十月，广平王进入东京洛阳，陈兵天津桥南，官绅和百姓夹道欢呼。三百多被安禄山强迫为官的人，都穿上死刑犯
391 的衣服，等待皇帝审判他们的罪行。广平王安抚了他们。

十月十九日，肃宗从凤翔启程返回长安，同时派出信使前往成都，恳请上皇尽快返京。二十三日，肃宗入京，人们欢呼雀跃。他的当务之急是拜祭被安禄山焚毁的九庙。他身着素服，履行了这一职责。二十五日，被叛军胁从的文武官员，免冠徒跣，朝堂待罪。他下令将他们作为囚犯关押起来，等待对他们各自的罪行进行调查。

回纥叶护现在从东京返回他的领地大草原。皇帝在宣政殿举行送别宴会，封他为忠义王，并且许诺每年两次各赠予一万匹绢，由朔方节度使交授。

十一月初一，天子驾临丹凤楼，向百官颁布命令。遗憾的是，他的演讲太长了，我不能引用。肃宗讲述了自己在担任皇帝期间的管理工作，称他担任这一职务是一项临时措施，并得出结论说，他正在焦急地等待父亲的銮驾从西部归

---

① 见《旧唐书·肃宗本纪》。——译者注

来，届时他自己会遵从父亲对于自己未来地位的安排。

十二月初，肃宗到望贤宫奉迎他的父亲。玄宗已经抵 392
达，并在望贤宫南楼等候。肃宗远远看见了他，匆忙下车，按照礼节后退了几步，然后快步向前来到楼下，他“再拜蹈舞称庆”。于是明皇下楼，他的儿子匍匐在地，捧着父亲的脚，哽咽流泪，说不出话来，但他扶侍着老人走进大殿，亲自为玄宗献上食物。这种孝顺的表现让左右两侧的官员都感动得流下了眼泪，当肃宗把父亲扶上马并想要亲自牵马时，更是达到了顶点。这是玄宗不允许的，但他领路入城，肃宗骑马在后。明皇叹息着说：

“吾享国长久，吾不知贵，见吾子为天子，吾知贵矣。”[①]

然后，肃宗急忙赶到城门，以便迎接并为皇家的队伍“指引正确的路线”，这是高级官员的仆人通常要履行的职责。从城门口到大明宫入口丹凤门，道路两边排列着五色的丝制彩棚，旌旗飘扬，遮蔽了天日。百姓们聚集在路旁，欢呼着：“不图今日再见二圣！”[②]

文武百官在含元殿外的殿庭排班，俯首跪拜，以示恭迎。 393
玄宗登上王座，接受他们的祝贺。左相按位次引领他们上前，

① 见《旧唐书·肃宗本纪》。——译者注

② 见《旧唐书·肃宗本纪》。——译者注

当官员们向前任主子鞠躬时，他们激动得“无不感咽”。

礼毕，玄宗前往长乐殿，他和杨贵妃经常在这里度过美好时光。他拜谒了九庙神主，然后在兴庆宫住了下来，这里一直是他最喜欢的居所之一。

肃宗请求回归东宫去做太子，但是玄宗派高力士对他的儿子解释说，自己年事已高，身心疲惫，不想再治理国家了，由此，肃宗的统治才得以确认。

十二月七日，上皇最后一次以天子身份坐在宣政殿上，将国玺传授给儿子，这是一枚巨大的玉玺，在中国人眼中是无上权力的象征。肃宗接过国玺，痛哭流涕。

第二天就接到报告，叛军首领史思明和高秀岩率领八万人马，要向皇帝投降。这一投降被欣然接受——也许是太欣然了：史思明甚至被封为“归义王”，并被任命为范阳节度
394 使。因此，尽管事实上安庆绪的叛军还未被平定，但是到年底时，这个心烦意乱的国家表面上呈现出和平之象。

杜甫四十七岁

统治者：肃宗。年号：乾元。乾元元年[1]，公元 758 年。

杜公任左拾遗；六月，离开朝廷，去华州担任一个小

① 二月改了年号，不再使用“载”，而重新开始使用“年”。——原文注

官吏。十二月，请假前往东京，向郭子仪提出了一个作战计划。

在对死去的祖先和在世的父亲履行了义务之后，肃宗的健康状况在这个时候非常令人担忧，他把注意力转向了与他的直系亲属有关的事情。广平王李豫被立为太子，张氏不断得到进封，四月，被立为皇后。据历史记载，这位强悍无畏的女士“不允许任何妃嫔接近皇帝”。她的嫉妒和顽强的性格使她不能按照人们所接受的方式履行皇后的职责，她找到了一个能干的帮手——大太监李辅国：事实上，这个帮手过于能干，以至于没过多久，她便开始不满于他对天子的影响，而病重的天子觉得国家事务是一个沉重的负担。

有必要尽一切可能巩固与回纥的联盟。七月，十四岁 395
的宁国公主动身前往回纥和亲，嫁给回纥可汗，从而使回纥人成为唐朝皇室姻亲。房琯尽管遭到贬黜，但是仍然留在京城，六月时被派往邠州任担任下级官吏，他的亲党也四下流散。

表面上的和平之象只不过是海市蜃楼。皇帝册封史思明，李光弼并不赞成，他不信任史思明，并劝皇帝派人去监视史思明。史思明发现了这件事，自然大发雷霆。他迅速抓住了那个可怜的被派去监视他的官员，并将其斩首，同时还

杀了另外两百人。他还要求斩杀李光弼，并宣称如果得不到他的首级，他将率领军队进行报复。因此，史思明不再是“归义王”，而是再次成为皇室的劲敌。

此时，安庆绪避难于邺城，即今天的彰德[1]，他把自己和他的军队关在城中。郭子仪和李光弼奉命讨伐安庆绪，围攻邺城。安庆绪向史思明求援，史思明对安庆绪虽然并无任何好感，但是他对唐朝愤恨之极，于是他立即做出了回应。一场可怕的风暴迫使郭子仪解除了对邺城的包围，撤退到了洛
396 阳，于是史思明毫不费力地进入了城中，斥责安庆绪弑父，并迅速将其杀死。随后，让儿子史朝义留守邺城，自己则返回范阳。

邺城失利之后，皇帝用李光弼代替了郭子仪，但实际上并没有统一的指挥：八九个“大将”在不同的战线上作战，河南河北的形势非常严峻。

杜甫四十八岁

统治者：肃宗。年号：乾元。乾元二年，公元 759 年。

杜公在春天返回华州任上。七月，关中地区发生了饥荒，杜公辞官，去了陇右。（见《杜甫行程图》）

---

① 现在河南省安阳市。——译者注

正月初四，皇帝遵循礼制，耕种农田。按照惯例，他只需耕种一道犁沟，但肃宗却热情高涨地耕种了九道犁沟！礼官奏告太过，但肃宗回复说：

“朕劝农率下，所恨不终千亩耳。”[①]

二月，发生了月食。百官请求为皇后加尊号，而月食阴影的象征意义与皇后相关，肃宗便将此事推迟。

正月初一，史思明在今天的大名[②]自立为大燕皇帝，还 397
颁布了年号。

三月初六，郭子仪和其他八个节度使与史思明在相州（即今天的彰德一带）扎营作战，唐军失利。这些节度使是肃宗听从一个宦官的建议而任命的。这个宦官声称，划分权力就不会让任何一人变得过于强大。郭子仪带领他的部队撤退，渡过黄河，摧毁了途中的河阳桥，以保东京洛阳。他留守洛阳，开始重新整编军队。正是在这个时候，杜甫经黄河沿岸返回华州，看到人民处于水深火热之中，便将此情此景写入诗中，见于《小官吏杜甫》第三部分。 398

① 见《旧唐书·肃宗本纪》。——译者注

② 今在河北省邯郸市。——译者注

传记索引

安禄山。B.D.11。死于公元757年。

突厥人，部落位于今天的直隶朝阳县，其母据说是一名巫师。传说在他出生时，一道奇怪的光围绕着屋子，山野里的鸟兽都一起大声鸣叫。惊恐之下，部落首领决定将孩子杀死，但他的母亲将他藏了起来，躲过一劫。安禄山长成为一个魁梧壮硕而机灵聪慧的青年。他具有语言天赋，善于献媚逢迎，进入朝廷后，皇帝和杨贵妃都被他吸引。实际上，贵妃唤他为子，对他很是亲热。他奉命迎战契丹鞑靼人，并逐渐拥有了巨大的权力。我已经详细地叙述了他与杜甫生平相关的经历和功绩，在此不再赘述。

张九龄。B.D.38。公元673年—740年。

在这本传记中，我部分引用翟理斯教授的（H. A. Giles）所著的《古今姓氏族谱》（*A Biographical Dictionary*）中的条目。

“在唐明皇统治时期，他是一位著名的政治家和诗人。

他学识渊博，高中进士，举文学士，名列前茅，很快引起了
张说的注意，得到提拔。他与韩休一道，大胆地反对当时
盛行的放荡和暴政。公元 736 年，皇帝庆贺生日，别人都
进献奇珍异宝，包括从遥远的国家花费巨资购得的镜子，他
却只进献了智慧箴言的辑录。他提醒皇帝，安禄山有谋逆之 399
举，但皇帝却不以为然。他自己被李林甫陷害，贬谪荆州。
后来，明皇意识到自己失去了一个得力的顾问，便封他为伯
爵，没过多久他就去世了。据说后来举荐新大臣时，皇帝总
是问他们像不像张九龄。他行事严谨，对各种礼仪都一丝不
苟。那个时代是诗歌的盛世，他的诗歌也成就斐然。年轻的
时候，他经常用信鸽给亲戚传递消息，训练了大量的信鸽，
称为“飞奴”。母亲去世后，他在其墓旁种了一棵紫花“长
寿灌木”，随后飞来了几只白鸟，在周围的树上筑巢——这
两种颜色都是哀悼的颜色！”

张巡。B.D.63。公元709年—757年。

一位有着卓越军事生涯的官员，最后一次是在睢阳保卫战中英勇地抗击安庆绪。守城官兵饥饿无食，但他依然不愿屈服；最后敌人破城而入，张巡坚决拒绝效忠安庆绪，因此被处死。睢阳被围困时，就像老鼠被陷阱夹住一般动弹不得，

他愤怒得咬牙切齿，以致最后嘴里只剩下了三四颗牙齿！

张良娣。

李亨最重要的妃嫔，尽全力协助李亨继位，最终被封为皇
400 后。有关她的生平细节，参见《年表》等处，在此我不再重复。

张说。B.D.134。公元667年—730年。

一位伟大的诗人、杰出的画家和精明能干的政治家，曾在武则天及其后继者手下效力。玄宗继位后，他继续担任官职。虽然在生命的最后阶段，他的事业是荣辱交替的，但在去世时，他是宰相。

陈玄礼。

玄宗卫队中一名杰出的成员，为人诚实可靠。他不赞成明皇与美丽的虢国夫人亲密往来，有时甚至阻止明皇前往她的居所，明皇听从了他的劝告。他是护送玄宗西行的少数随从之一，对杨国忠的死亡或多或少负有责任，他一直认为杨国忠是国家的主要危险。回宫后，他被封为蔡国公，但不久就去世了。

郑虔。

诗人和画家，明皇爱其才华，希望他担任顾问。但这位
诗人对任何形式的正规工作都表现出一种不可调和的厌恶，
以日常生活的粗俗用语来说，他是无可救药的懒惰。因此，
充分赏识其才华的明皇特意设立了一个新职位——广文馆博
士，使他可以留在朝廷之中，并授权他居住。事实上，这所 401
住宅一点也不豪华，由于年久失修，漏了上百处，郑虔身无
分文，无法改善状况，他也无法向皇上申诉，因为皇上已经
特意为他考虑了。因此，他以一种哲学的精神来接受自己的
不适，并以写诗和作画来安慰自己。中国人将他归入“昆
虫、鱼和想象力绘画”大师之列。由于材料匮乏，他在慈恩
寺的庭院里收集落叶，并小心翼翼地把它们存放在寺院内的
几个房间里。他每天取来落叶，并在上面写诗或作画。一年
过后，每一片落叶上竟都写有一首诗或者画有一幅画。

他献给皇帝的著名作品之一是一幅山水画，上面还配有一段无可挑剔的诗文，使得整幅画的布局恰到好处，达到完美平衡。明皇一看，拍案叫绝，高呼“郑虔三绝”！

当安禄山和他的叛乱部落占领了京城，这位画家从他漏水的住所里被拖了出来，和一百名唐朝官员一道被带到洛阳，并被任命为水部郎中。他声称自己无法胜任，假装瘫

痪，同时给身在灵武的肃宗写了一封密信，表达了他坚定不移的忠心。然而，能够在这种奇耻大辱的经历中逃过一劫得以幸存，仅仅这一事实本身就对他产生了不利的影响。叛乱平息后，他和王维、张通一起被关押了起来。崔圆关照他
402 们，充分利用这个机会，命令这三位伟大的画家装饰他家的墙壁。由于害怕被处死，三人急忙服从了命令，从而避免了他们因被迫犯下的罪行而受到的极端惩罚。然而，死罪可免，活罪难逃。郑虔被贬官到台州，几年后死在了那里。

为他而设立的广文馆博士一职，一直延续到满清王朝灭亡。

金圣叹。B.D.385。公元1627年—1662年。[①]

明末最著名的文人之一——一个狂傲古怪而博学多才的苏州人。编辑了中国四部著名小说，即“四大奇书”，并出版了点评本。他还深入研究了文学的其他分支，著有《杜诗解》，他认为杜诗是中国文学六才子书之一。他的名字“圣叹”，意思是“圣人叹息”，之所以叫他这个名字，是因为他聪明过人，出生时，其他的圣人都在绝望地叹息。清朝建立后不久，他和另外十六名被怀疑有叛国倾向的文人一起被处死。

---

① 应为金圣叹（1608—1661 年）。——译者注

房琯。死于公元763年。

河南人，其父在武则天统治时期担任要职。房琯生性淡泊，潜心读书，曾与朋友吕向（B.D.1443，我向读者推荐他的传记）在伊阳山（位于今天河南嵩县东北）住了十年，沉
浸于书海之中。二人都反对明皇沉溺于美色，明皇对美色热 403
情之高，以至于花鸟使把全部时间都用来物色新的美女了。吕向写了一篇赋来讽刺皇帝的自我放纵。

开元十二年，玄宗欲封禅泰山，房琯进献《封禅书》而受到皇帝的注意，由此被安排了一个小官职，担任秘书省校书郎，就是负责书籍修订的私人秘书。后来，他在各地担任县令，为人正直，政绩突出，广受爱戴。

十年后，开元二十二年，他升任监察御史，这是一个高级别司法官员，但因判案不当而获罪降职，又担任了县令。无论在什么地方，他都努力根除邪恶，鼓励良好风俗，并修缮官舍。他的名声越来越大，担任了一系列重要职务。

安史之乱爆发后，天宝十五载，玄宗被迫入蜀，算是逃到四川，房琯只身前去辅佐，并且追上了明皇，据史书记载，皇帝在途中“大悦”。作为表彰，当日房琯便被任命为高级官员，并赐紫金鱼袋，内装他的官阶鱼符。一个月后，他带着玄宗诏书前往西北，正式册立玄宗之子为皇帝。

房琯拜见肃宗，甚为感动，谈及时事，滔滔不绝，“词
404 情慷慨”。当时，恰巧在潼关战败的几员大将也被带到，他们站在军队大旗之下，双手背缚，等待斩刑。房琯从容救谏，肃宗认为此人素有盛名，便听从了他的意见，最后只斩杀了一人。那些人因此一生都欠房琯人情，其中就有王思礼，后来发挥了很大作用。房琯自负其才，把自己的意见强加给皇帝，不屑于跟郭子仪、李光弼等实际作战的将军商量。他成为一场悲惨灾难的受害者，从此再也没有真正恢复过来，杜甫传记中对此已有描述。他的晚年，与他早年的期望相去甚远，因为他受到了一位著名琴师、音乐家董兰庭[①]的影响。董滥用了这种影响而获得财富，只要贿赂他才有特权接近房琯，他就像房琯的一道“屏风”。

广德元年八月，公元763年，他在旅途中病倒，死在投宿的佛寺里。

韩休。B.D.618。

翟理斯教授的《古今姓氏族谱》中的条目如下：

一位政治家，他和张九龄一起劝谏唐明皇。据说皇帝
405 因此都消瘦了，但当侍从建议皇帝责备韩休时，皇帝却回答

① 此人名为董庭兰，即高适诗《别董大》中的董大。——译者注

说："我虽瘦了，但是国家却富裕了。"韩休在公元733年任宰相，740年去世，享年六十七岁。

贺知章。B.D.643。生于公元659年。

玄宗朝的政治家和诗人。他迅速发现了李太白的才华，并将其引入朝廷。他是一位书法大师，性情开朗。杜甫在《饮中八仙歌》一诗中提到了贺知章一生中一个知名事件：贺知章酒醉后从马背上跌下来，落到一口井底，幸好井已干涸，人们找到他时，他在井里安详地打着鼾。他非常古怪，自称"四明狂客"，四明是他的祖籍，玄宗则称他为"贺鬼"。①

高仙芝。B.D.952。死于公元755年。②

一个效力于唐玄宗的高句丽人，正如《历史年表》中所记载的那样，在远征中亚部落的军事行动中，他表现出色。有一种说法是，如果不是宦官监军害怕，高仙芝还会继续深入追击；还有人指责他贪婪和不忠。但事实是，他是中国宗

① 此称呼未查到出处。——译者注

② 《旧唐书》《新唐书》记载高仙芝死于天宝十四载十二月，即公元756年1月。——译者注

主权得以极大扩张的工具。

安禄山造反后，他固守潼关，然后保卫太原府。这座城市眼看是守不住了，他打开太原仓，把库中的粮食全部分发给将士，其余无法带走的都放火焚烧了——这是一个非常明智的举动。然而，一个对他怀有敌意的宦官监军诬告他克
406 扣粮饷，尽管军中议论纷纷，但是他还是被立即处死了。当“狐狸”，也就是宦官，霸占了如此无限的权力时，唐朝的荣光便黯然失色了，这一点儿也不奇怪。

高力士。B.D.956。公元683年—762年。[①]

唐玄宗忠心耿耿的宦官首领，明皇还是太子的时候，成了他的姑母太平公主阴谋诡计的牺牲品。从那时起，高力士就一直为其效力。

据说，高力士身高六英尺六英寸，意志坚定，有远见，言行谨慎，并竭尽全力防止明皇犯下愚蠢的错误。748 年，他被任命为“骠骑大将军”。安史之乱爆发后，他跟随皇帝逃离京城。据历史记载，美丽的杨贵妃被吊死时，是他亲手系的套索。之后，他陪同明皇去了四川。

他的结局令人悲伤。玄宗和肃宗都驾崩以后，当时的宦

① 《旧唐书》《新唐书》记载为 684 年出生。——译者注

官首领李辅国设计陷害，将高力士流放。后来他获得大赦回归，但当他得知自己所侍奉的两个主子玄宗和肃宗都已驾崩的消息，悲痛万分，他面向王座，北望恸哭，吐血而亡。他悲剧性的一生，出名的原因就在于他是唐朝第一个独揽大权的宦官，并作为榜样被忠实地效仿。 407

高适。（字达夫，意为有洞察力的人；又字仲武，家中排行老二。）B.D.960。

杜甫一生的朋友，早年生活贫困。有人说，他迷恋一位女伶，四处追随，并为其创作诗词。《唐才子传》中说他："不拘小节，耻预常科，隐迹博徒，才名便远"，后被任命为封丘尉。杜甫传记中提到了他的几件事，比如在河南结识了杜甫和李太白、投靠哥舒翰远赴西北等。

哥舒翰。B.D.980。

一个富有的鞑靼人的儿子，为人慷慨大方。《唐书》上记载：如果他见到一个看起来贫穷的人，就会马上送给他钱。他脾气急躁，生性阳刚，性格直率、冲动。至于他的缺点，就是喜欢赌博和酗酒。

四十岁时，父亲去世，哥舒翰来到长安。三年后，他实现了自己的抱负，成为河西军的一名军官。后来，他效力于王忠嗣麾下，王忠嗣给了他一个小军衔。

哥舒翰证明了自己是一个有能力的将领，他的权力越来越大，吐蕃入侵边境给了他最大的机会。在苦拔海，三路吐
408 蕃士兵从一座小山上混乱而下，哥舒翰手持短枪，迎敌而上，将他们打得四下逃散。据历史记载，他作战异常勇猛，率领左右几名随从，去追击敌人。他将短枪搭在对方骑兵的肩膀上而不是从其身后刺入，等那人转身回头，他便用枪头插入其喉部，将人挑起三五英尺之高而后落下马来，然后一名随从，手持一把大刀，斩下了这个可怜的吐蕃人的头颅。

天宝六载秋天，皇帝幸骊山温泉，听到了对王忠嗣的批评，于是召见哥舒翰进行询问。哥舒翰泪流满面，慷慨激昂地为他的恩人辩护。王忠嗣的官阶非但没有降低，反而得到了提升，[①] 哥舒翰则被任命为陇右节度使（见地图 3）。他在边疆的英勇事迹和在灵宝的悲剧性结局，已在《历史年表》中有所记述，并与杜甫的生平联系在一起。他虽然没有受过什么教育，但却喜欢阅读《春秋》，欣赏有学问的人。高适曾在他手下担任掌书记。

---

① 唐书中记载，虽有哥舒翰伸冤，王忠嗣仍被贬。——译者注

郭子仪。B.D.1075。

中国历史上最著名的将军之一，唐朝的救星。

李辅国。B.D.1126。死于公元762年。

一个马夫的小儿子，早年净身入宫为太监，侍奉高力
士。他相貌丑陋，但个性坚强，在李亨尚为太子时，他就成 409
为其心腹。安史之乱后朝廷重返京城，他大权在握，并被封
为国公。

李亨。B.D.1216。公元711年—762年。

李隆基第三子。李隆基登基，即明皇，之后李亨被立为太子，其母杨氏，为李隆基贵嫔。

景云二年时，宫中存在两大势力集团。一方效忠太子，而另一方则追随太平公主，太平公主对她的皇兄睿宗施加了巨大的影响，并对她的侄子——“东宫”，也就是太子——怀恨在心，她的党羽暗中监视这位年轻的太子，史书上说他们“报告每一件事，即使小如一粒芝麻”。

李隆基对这位姑妈的感情不抱任何幻想，因此当他心爱的杨氏怀孕时，内心深感不安，知道她面临着来自太平公主

一派的危险。他心烦意乱，焦急万分，找来张说商议，他说：

> 用事者不欲吾多息胤，恐祸及此妇人，其如之何？[①]

张说主张迅速采取极端的措施，建议立即堕胎，并给李
410 隆基带来了一种强效堕胎药。这位太子把药藏在身上，急忙跑到一间僻静的房间里，开始熬药，以保杨氏免于被害。他小心翼翼地搅拌着汤药，浓烟升腾，他好像喝醉了一般，倒在地上，昏昏沉沉的，梦见面前出现了一位神人，飞快地将药碗拂去。然而，他醒来后找到了那只药碗，又重新开始熬药——结果还是跟上次一样。同样的事情发生了三次，他急忙告知张说。这位年长者仔细地听着，沉思着，平静地说：

> 天命也，无宜他虑。[②]

于是，这个命中注定要出生的孩子四十五年后成为了唐肃宗。

景云三年正月，在第一轮月亏之前，改了年号。五月，再改年号，八月，年号又改为“先天”，杜甫便出生在这一时期。“先天”使用了十六个月后，李隆基继位，改年号为“开元”，意为“开辟新纪元”。这一时期，至少是开元早期，

---

① 见《旧唐书·玄宗元献皇后杨氏列传》。——译者注

② 见《旧唐书·玄宗元献皇后杨氏列传》。——译者注

是中国历史上最和平、最繁荣的时期之一。

这个得之超自然的小男孩，“聪敏强记”，“耳目之所听览，不复遗忘”[①]，他优美的文学作品中充满了历史典故。悲
伤的王皇后没有孩子，便将他视为己出，精心抚养他长大， 411
直到开元十二年，被废后，悲哀地死去。

开元十五年，这个年轻人已经十七岁了，被封为忠王，改名为浚，[②]意思是深水。

开元十八年，他有了一个机会来证明自己的执行能力：奚人、契丹侵犯东部边塞，年轻的王子被任命为元帅，率军征讨。这是忠王首次公开亮相，百官充满好奇，聚集在光顺门为他送行。百官之中，可能没有人比张说对这位年轻人的举止更加感兴趣，可以说是他促成了这位王子的出生。这位老人主持了送行仪式，然后骄傲地说：

> 尝见太宗写真图，忠王英姿颖发，仪表非常，雅类圣祖，此社稷之福也。[③]

于是，忠王带着祝福出发了。

七年之后，他被立为太子，改名为绍，意为接续、继

---

① 见《旧唐书·肃宗本纪》。——译者注

② 肃宗李亨，初名李嗣升，后多次改名。——译者注

③ 见《旧唐书·肃宗本纪》。——译者注

承。但是一名近臣指出，这个名字曾用于一个短命的六朝太子，于是又改名为亨，意为通达、顺利。直至他去世没有再
412 改过。

被立为皇位继承人并没有给这个年轻人带来多少快乐。关于立储之事，皇帝没有采纳李林甫的建议，李林甫因此感到恼火，而杨国忠则认为太子太过聪明正直难以愚弄，李杨二人都不赞成，并且希望找到一些令他名誉扫地的事，于是在太子身边布满眼线，他的生命一直处于危险之中。

天宝十三载正月，安禄山来朝。太子

> 尝密奏，云禄山有反相。[①]

但是明皇不听。不到两年，安禄山反叛，带领士兵踏上皇宫台阶的时候，明皇还想得起来自己儿子说过的话吗？

关于叛乱和忠王所扮演的角色等细节部分，在《历史年表》以及杜甫生平事迹的叙述中都有呈现，在此我不再重复。

至德二年[②]，即公元757年，十二月七日，忠王被册立为天子。从现在起，我将用皇帝的头衔“肃宗”来称呼他。

在他众多的儿子中，有三个较为突出，他们是广平王、越王和建宁王。广平王即后来的代宗皇帝。老三建宁王，聪

---

① 见《旧唐书·肃宗本纪》。——译者注

② 至德年间仍称“年”为“载”。——译者注

颖睿智，胆识过人，而且他忠心耿耿，直言不讳，甚至敢于 413
在皇帝面前批评张良娣的行为。他说张氏“任性固执”，称李辅国跟内廷和外朝官员都过于亲密。当时朝廷尚在灵武，还没有返回长安。从那一刻起，这位女士和这位宦官就联合起来，竭力想把朝廷里这样一个直言不讳的人除掉。他们成功地毒害了肃宗的心智，肃宗竟赐死了自己的儿子。建宁王死后，这位天子在他混乱的余生中饱受悲伤和悔恨的折磨。广平王，深爱他的弟弟，每天都在哀悼，对张良娣的恐惧也在他心中滋长。返回长安后，广平王被立为太子，而张氏被立为皇后，她对广平王充满恐惧和怀疑，担心他上台后会为建宁王的死报仇。

这一切仇恨、猜疑和复仇的浪潮在肃宗周围肆虐，这位深情慈爱而意志薄弱的皇帝病倒了，这是否令人惊讶？

李光弼。B.D.1162。死于公元763年。[①]

一位契丹酋长后代，武后统治时期归降唐朝。李光弼在边境战事中表现出色，并与郭子仪一道平定了安禄山的叛乱。而后，他战胜了史思明，被封为郡王，去世时声名鼎盛。

---

① 《旧唐书》《新唐书》记载为公元 764 年。——译者注

李林甫。B.D.1170。死于公元752年。

玄宗手下的一名高级官员，明皇统治后期的特点是偏
414 离了公平正直的轨道，对此他要负的责任比其他任何人都要多，这一失误最终导致了安史之乱。李林甫是唐朝宗室，与皇室拥有共同的姓氏——“李”。他是一个极具魅力的人，精通音律。早在开元年间，他的一个姻亲兄弟在朝廷中担任要职，安排李林甫侍奉太子瑛王[①]（意为玉的光彩）。李林甫一入东宫，便想方设法结交有权有势的朋友，特别是跟宦官们过从亲密。开元十四年，他升任御史中丞。

此时的皇帝，宠爱武惠妃，因此偏爱她所生的儿子寿王和盛王，从而疏远了太子和他的两个兄弟瑶王和琚王[②]。李林甫见此情形，便通过宦官告诉武惠妃，万一遇到困难，他会保护她的两个儿子免遭可能的嫉妒的伤害。自然，这个最得宠的妃子也尽了最大努力来为李林甫争取利益。

当时的宰相之一是裴光庭，他的妻子是臭名昭著的武三思（B.D.2343）的女儿，一个极其精明但同样肆无忌惮的女人。我向我的读者推荐武三思的传记，但因为跟我的主题无关，便不在此引用了。裴夫人不择手段地帮助丈夫敛财，朝

---

① 当时太子为李瑛，立为太子之前被封为郢王。——译者注

② 此二皇子为鄂王李瑶和光王李琚。——译者注

廷的禁忌并没有阻止她和李林甫秘密联络。

高力士那时正当权，常来见裴夫人。他本来出自其父
武三思家，跟裴夫人很熟悉。裴光庭死后，裴夫人唤来高力 415
士，推荐李林甫继任裴光庭的职位。高力士不敢照办，但是
他把这件事记在心上，等待时机帮助他的朋友。

裴光庭的职位空缺，皇帝向中书令萧嵩征求人选，萧嵩推荐了韩休 *（B.D.618）。韩休是个有才能的人，皇帝也同意了这一任命。高力士当值，他听说萧嵩要拟诏令韩休前来，就急忙跑去给裴夫人通风报信。裴夫人立刻派李林甫去协助一无所知的韩休，韩休坚定地相信自己后来的任命是通过这个渠道获得的。而真正推荐他的人萧嵩，韩休并不关心，甚至完全忽视了他。韩休尽其所能让李林甫获益，并推荐他担任宰相。武惠妃十分赞成这一提议，说她早就听说了李林甫的才能。此事发生在开元二十三年，即公元 735 年。

我长篇累牍地讲述了李林甫得势的故事，让这段历史变得清晰，也便于人们易于理解后来唐王朝的崩溃。

这时，李林甫通过宦官向武惠妃暗示，太子是会伤害
她和她的儿子的。武惠妃吓坏了，在明皇面前哭泣，而明皇
从来都受不了女人的眼泪，于是勃然大怒，声称要把瑛王和
他的两个兄弟逐出朝廷并贬为庶人。然后他跟张九龄商议此 416

事，张九龄仍然是他非常信赖的人。张九龄语气非常坚决，他强调：回顾历朝历代，事实证明，太子是国家的根本，如果被废黜，灾难就会接踵而至。他列举了几个例子来证明自己的观点，皇帝的愤怒平息了，更好的建议占据了上风，至少在当时，这三个年轻人是安全的。然而，李林甫虽然没有得逞，但是他心里却充满了愤怒和仇恨。

可是，没过多久，睿智的张九龄便被放逐，而他的继任者就是徒有其表的李林甫。流言蜚语再次向皇帝吹来了邪恶的暗示：三位皇子会加害武惠妃及其儿子，他们可能会篡夺皇位！明皇无比愤怒，于是派人召来李林甫商议此事。现在的李林甫非常狡猾，他绝不表露心迹，只说这是皇上的家事，必须由皇上自己来决定。皇帝将三个儿子废为庶人，据说，这让他感到羞愧。

可怜的年轻人离开了皇宫，困惑而绝望，来到东门外的驿站，坐在那里，不知该何去何从，令人怜悯。一个皇宫里的侍从很快终结了这种状况，带来了天子赐死三人的命令。我在《传记索引》中有关武惠妃的那一段里记述了这一悲剧
417 事件的结局。武惠妃去世后，玄宗跟李林甫商议立储之事，此时的李林甫已被封为晋国公，他表示武惠妃之子寿王已经成年，立他为太子将是明智之举。明皇回答说：

> 忠王（李亨）仁孝，年又居长，当守器东宫。[1]

从这一刻起，李林甫便抓住一切机会加害不幸的李亨。

李林甫对朝政的影响极其恶劣，但他对唐王朝所做的最为有害的一件事是，劝诱玄宗将边境的防卫很大程度上交给了当地部落。他这么做的原因，历史上有这样一种理论认为，是李林甫害怕自己的宰相地位被某位得胜归来的将军所威胁，这位将军恰恰可以印证那句老话——出将入相，即出征是将军，入朝就是宰相。这样做的结果对唐王室来说可谓是致命的，各地都爆发了叛乱。

关于李林甫荒谬的滥用权力，在本书的正文部分已有很多细节叙述，在此不再赘述。一言以蔽之，这位“天老”在其生命的最后阶段，时时刻刻都在担心被刺客暗杀，甚至连他的仆人也不知道每晚他睡在哪个房间。他嫉妒权力，皇帝对他人表现出偏爱，他都会心生怨恨。杨国忠就是他深恶痛
绝的一个人。他非常乐于将杨国忠派往四川，但是临行前杨 418
国忠向皇帝辞行，皇帝说他会数着手指头等待他回朝担任宰相之职，李林甫就非常愤懑。

天宝十一年[2]十月，李林甫已有病在身，但是他还是随

① 见《旧唐书·李林甫列传》。——译者注

② 天宝三年，改称“年”为“载”，此处应为天宝十一载。——译者注

同玄宗去了骊山温泉。病情加剧，他叫来一个女巫问询。女巫说只要李林甫能见一下皇帝，他的病就可以痊愈。明皇还像往常一样仁爱而冲动，想立刻赶到李林甫的床边，好不容易才克制住。不过，双方找到了折中的方案，李林甫躺在自家的庭院中，皇帝则登上降圣阁，这样李林甫的视线便可以尽其所能地停留在他所挚爱的主人身上了。玄宗挥动一条红色的丝帕，李林甫想行礼致意，但却无法起身，只能由别人代拜谢恩。

第二天，杨国忠从四川归来，急忙赶到李林甫的床前拜见。李林甫名义上仍然执掌大权，他一见杨国忠，便意识到这就是几年前在幻象中那个坚持要与他同座的人。现在，他恳求杨国忠来主持大局，然后就病逝了。

这位宰相死后，荣誉加身，葬礼也非常隆重，但就在第二年，杨国忠诱使安禄山向皇帝告发李林甫曾经谋反。玄宗忘记了二十年来李林甫的功劳，下令打开李林甫的棺椁，剥
419 下他身上华丽的寿服，挖出其口内含珠，还下令将李林甫诸子流放、家族流散。最后，这位天老被埋葬在一座稀松平常、毫无光彩的坟墓里。

李隆基。B.D.1172。公元685年—762年。

唐朝第六任皇帝，庙号玄宗，常被称为明皇。他年轻时精力充沛，武则天和韦皇后先后篡权乱政，他平息了混乱，并于710年将他的父亲推上皇位。两年后，他父亲唐睿宗李旦禅位于李隆基，从此登上皇位，并开创了一个辉煌盛世。他提倡节俭，禁止后宫女子穿着丝绸或佩戴珠宝，并在宫门前焚毁了大量的珍贵物品。他在给死者的祭品中引入了纸扎而不再使用真实物品，这一习俗延续至今。他学识广博，对艺术慷慨解囊。他还设立了著名的“梨园”和“宜春院”，用来训练伶人表演，那些曲调今天仍在演唱。他创办了翰林院，一直持续到1905年，古老的教育制度才被废除。

在性情上，玄宗感情丰富，温柔多情。他和兄弟们的关系最为融洽，经常在兴庆宫内的花萼相辉楼跟他们见面。他先后对数位妃嫔产生了强烈的爱意，但也确实为自身的品质缺陷而受苦。 420

可惜的是，他的早期统治与我的主题无关，我的读者将了解到太多与他老来糊涂有关的细节，这些内容我就不在这里详述了。

李泌。B.D.1180。公元722年—789年。

长安人，自幼天资聪颖，七岁就被带到玄宗面前，那时他已经会写诗了。皇帝很赏识他，惊叹道："是子精神，要大于身。"[①] 像张九龄和贺知章这样的人都很重视他，称他为"小友"。他成为翰林，与太子李亨非常亲密，但因写诗讽刺杨国忠而被逐出朝廷。当李亨即位成为肃宗后，他返回朝廷，并继续与皇帝保持亲密关系，尽管他拒绝担任官职。这惹怒了李辅国，李泌不得不隐退，寻求安身之处。但是他隐居没多久，肃宗便又将他召回去充当无官职的参谋了。

李白（字太白，这也是金星的名字）。B.D.1181。公元705年—762年。

中国最受欢迎的诗人，也是杜甫一生的朋友，杜甫比他小十岁左右。关于李白，欧洲介绍得非常多，各种文字都有，我不再重复，以免读者厌烦，但我想向那些感兴趣的人推荐由伦敦中国学会出版的亚瑟·韦利（Arthur Waley）撰写的关于李白的小册子，还有小畑薰良（Shigeyoshi Obata）介绍李白生平和作品的英译本，以及我自己的拙著《松花

① 见《新唐书·李泌列传》。——译者注

笺》，里面大约收录了他的一百五十首诗，还有他的生平梗 421
概介绍。

李豫。B.D.1235。公元727年—779年。

李亨次子，继位成为唐王朝的第八位皇帝。在本书涉及的那段历史中，他是广平王，后为太子。

李邕。B.D.1242。公元678年—747年。

任山东北海太守时，注意到了杜甫，他也被称为李北海。他的文学才华卓著，他的字体深受推崇，在碑文、题刻等处广泛使用。但是他仕途曲折，最后与李林甫发生了冲突，被下狱致死。

仆固怀恩。B.D.1665。

回纥众多部落之一的铁勒族成员，骁勇善战，跟随郭子仪同安禄山作战。

史思明。B.D.1728。

突厥部落成员，凶残、狡诈，奉玄宗之命，辅佐同胞安

禄山讨伐契丹。安禄山叛乱后，他表面上忠心耿耿，但是内心却在密谋反叛。759 年，他放弃了对唐王朝的忠诚，杀死
422 了安庆绪，自立为大燕皇帝。

宋璟。B.D.1830。公元662年—737年。

玄宗统治早期的著名官员。他相当严厉——“铁石心肠”说的就是他。但他显然也是公正的，并产生了非常有益的影响。

岑参。B.D.2017。

伟大的诗人，李太白和杜甫的挚友，与杜甫关系特别密切。杜甫把他推荐给肃宗皇帝，结果岑参被任命为谏官，与杜甫同朝为官。岑参的仕途还算不俗，但他的名声主要是靠他的作品，无论是散文还是诗歌，都受到中国人的高度赞扬。

王思礼。

根据《人名字典》的说法，他是高丽人，追随哥舒翰，军事才能出色。安史之乱中，他敦促哥舒翰上表皇帝诛杀杨国忠，但哥舒翰没有答应。潼关陷落后，王思礼徒步追赶肃

宗，他也是房琯求情、成功救下的几个战败的将军之一。在后来的战斗中他要幸运得多，不仅夺回了东京洛阳，还取得了很多其他的胜利，升任太尉，后来被封国公。 423

王维。B.D.2241。公元701年—762年。[①]

著名的画家、诗人和高官，本想跟随玄宗西行入蜀，但是被安禄山的手下俘获，拘押在洛阳。叛军逼迫他出任官职，但他服用药物麻痹声带，尽可能地使自己毫无用处。他想方设法给皇帝送去一首诗，表达自己的绝望，后来皇帝还京后赦免了他陷敌而未自杀的行为。关于他的生平，大家都知道很多有趣的细节，但是杜甫似乎和他并不是特别亲密，因此他的生平故事与我的主题无关，我就不在这里讲述了。

武惠妃。死于公元737年。

李亨的母亲杨氏去世后，武惠妃成为玄宗后宫中最得宠的妃子。她的两个儿子是寿王和盛王。“寿”意为长命，后来著名的杨贵妃首次出现时就是他的王妃。“盛”意为丰富、丰盛。因宠爱武惠妃，明皇也很喜爱这两个儿子，并逐渐疏

---

① 王维生卒年尚存争议。——译者注

远了太子瑛王[①]，他是玄宗的次子，是其他妃嫔所生。太子瑛和他的两个兄弟——瑶王（皇帝第五子）、琚王（皇帝第八子）[②]，遭受了残酷的命运（参见李林甫生平）。据历史记载，他们三人死后，鬼魂返回宫中，吓坏了武惠妃，以致她惊惧而死。记载里说，开元二十五年的寒冬，武惠妃独自一人闲
424 坐在宫中北面的寝殿里，突然看见被谋害的三兄弟的鬼魂站在她面前。她吓得发疯，昏了过去，被唤醒后，看见他们仍在附近徘徊。一个女巫和她的同伴应召而来，尽管她们尽力作法，但是并未能驱除鬼魂，武惠妃薨。

吴道子。B.D.2349。

皇家首席艺术家，中国最著名的艺术家之一。中国人称之为“百代画圣”。他画风新颖，题材多样。他在玄宗统治时期所创作的寺庙壁画，受到同时代的诗人热情的赞颂，但早已毁坏不复存在。

杨钊（名国忠，意为对国家忠诚）。B.D.2396。

山西蒲州人，不学无术，不正直，不诚实，放荡无行，

① 太子李瑛。——译者注
② 鄂王李瑶和光王李琚。——译者注

嗜酒好赌。受到亲族鄙视，他离开家前往四川从军。他孜孜不倦地巴结讨好，地位一步一步地提升，直至担任了一个掌管治安的小官。

当他的族妹——美丽的杨玉环（他们二人的祖父是兄弟）成为玄宗皇帝骄奢的宠妃后，剑南节度使意识到这个职位低微的人有可能飞黄腾达，便任命他为秘书，并帮助他晋升到朝廷的一个小职位。

境遇、精力和裙带关系，都成了杨国忠发达之路上的助 425
力。到天宝十载，他已经是掌管四川的节度使了。

一个更高的职位仍在等待着他。李林甫去世，杨国忠及时从四川回京，接替他成为右相，并延续了李林甫当政时期开始的松懈、不严谨的作风。李林甫一上任，就建议在凌晨三点举行早朝，而不是在五点。然而在他生命的尽头，却告诉皇帝天下太平，没有什么重大事件需要解决，国家事务完全可以由官员们自行在家处理，大臣们也可以在家里签署必要的文件。

对杨国忠和他的族妹们（杨氏五家）来说，这种做法极为合适，杨国忠的宅第成了长安的中心。他把那些通过考试的学子召集到家里，给他们分派职务。韩国夫人、虢国夫人和秦国夫人从巧妙布置的垂帘后观看了整个过程，她们看到那些有学问的人，无论老少，各有各的怪癖——有的紧张地跺脚，有的点头，还有一些人在小声嘀咕，女士们再也忍不住了，一阵嘲弄的笑声响彻大厅。现在，嘲笑是汉子们所无法容忍的，学子们非常恼火，但却不敢表露出自己的情绪。

肤白美艳的虢国夫人，对男人有一种不可抗拒的魅力，
426 她也不受任何礼制教条的束缚。她跟杨国忠关系亲密，是长安城的丑闻之一。他们的宅第相连，有门互通。史书记载：（他们）“昼会夜集，无复礼度。有时与虢国并辔入朝，挥鞭走马，以为谐谑，衢路观之，无不骇叹。”[①]

特许抵达宫廷的核心：天子不顾一切规矩，出宫来到“五家”的宅第，与他们同坐，分享美食，谈笑风生，对五个人一视同仁。为了躲避冬天的严寒，天子前往临潼一带的温泉华清宫时，正是杨国忠剑南节度使的旗帜打头，骄傲地引导车队。

至于杨国忠后来的生活、他和安禄山之间的猜忌、他对哥舒翰不可容忍的干涉，以及他的惨死，我都在《历史年表》里讲过了。

---

① 见《旧唐书·杨国忠列传》。——译者注

杨玉环（即后来的杨贵妃）。B.D.2394。

睿宗朝兵部尚书之女。[1] 公元 735 年，选为玄宗第十八子寿王妃。三年后，作为过渡，她出家为女道士，道号“太真”，不久之后就进入了皇帝后宫。

她是个多才多艺的人，能歌善舞，精通音律。她精明 427
世故，聪颖敏锐。事实上，她富有个性，与众不同。她的故事，欧洲有多种语言版本的讲述，而且在杜甫的这本传记中也占据了很大的篇幅，所以我将缩减这一条目。我只想说，当她被吊死在马嵬驿站的佛堂前时，年仅三十八岁。

姚崇。B.D.2431。公元650年—721年。

玄宗统治早期功绩卓著的官员。他做事公正合理，据说，有一次，当他离任时，人们哭泣着，紧紧抓住他的马脖子，剪掉他的马镫，拿走他的鞭子，恳求他留下来。 428

① 杨玉环父杨玄琰（686 年—729 年），曾任蜀州司户。公元 745 年杨玉环被玄宗册封为贵妃，其父被追赠兵部尚书。——译者注

参考书目

中文书

《杜诗镜铨》

《唐书》

《旧唐书》

《长安志》

《西安府志》

《唐才子传》

《人名字典》

《辞源》

《说文解字》

非中文书

巴托尔德:《蒙古入侵时期的突厥斯坦》

BARTHOLD, W.: *Turkestan Down to the Mongol Invasion*.

沙畹:《西突厥史料》

CHAVANNES, EDOUARD: *Documents sur les Tou-kiue (Turcs) Occidentaux.*

克拉克与索尔比:《穿越陕甘》

CLARKE, R. S., and SOWERBY, A. DE C.: *Through Shên-Kan.*

高第:《中国与外国关系通史》

CORDIER, HENRI: *Histoire Générale de la China et de ses relations avec les pays étrangers.*

杜哈德:《中华帝国全志》

DU HALDE, J. B.: *Description of the Empire of China.*

翟理斯:《古今姓氏族谱》

GILES, H. A.: *A Chinese Biographical Dictionary.*

雷金纳德·法瑞尔:《在世界的屋檐上》

FARRAR, REGINALD: *On the Eaves of the world.*

桑志华:《黄河流域行程录》等

LICENT, EMILE: *Itinéraires suivis dans le Bassin du Fleuve Faune, etc.*

艾米·洛威尔、弗洛伦斯·艾思柯:《松花笺——中国诗人诗歌译集》,以及弗洛伦斯·艾思柯:《中国之鉴》。

LOWELL, AMY, and AYSCOUGH, FLORENCE: *Fir-Flower*

Tablets: Poems Translated from the Chinese. AYSCOUGH, FLORENCE: *The Chinese Mirror.*

麦嘉温:《中国帝国史》

MACGOWAN, J.: *The Imperial History of China.*

梅辉立:《中国读者手册》

MAYERS, W. F.: *The Chinese Reader's Manual.*

纳柯苏:《穿越神秘的陕西》

429 NICHOLS, F.: *Through Hidden Shênsi.*

佩福来:《中国的城镇》

PLAYFAIR, G. M.: *The Cities and Towns of China.*

喜龙仁:《西安府之旅》

SIRÉN, OSVALD: *Journey to Sianfu.*

台克满:《领事官在中国西北的旅行》

TEICHMAN, ERIC: *Travels of a Consular Official in Northwest China.*

地图参考目录

术语表

（页码为原书页码）

上 经常提到：皇帝的专有称呼，对皇帝不能直呼其名。

佳气 第 220 页：这应该是从地面升起的气息，当挑选坟墓地点时，要小心翼翼地找到一个地方，必须有大量的这种佳气。这是由风水师来寻找的。

吴钩 第 183 页：一个典故，跟公元前三世纪吴国的故事有关。一位铸剑师干将（B.D.934）将金属和自己儿子的血混合在一起，铸成两把钩形剑。他把剑献给吴王，他站在陛下面前大声喊："我在这里。"两把剑便立了起来，向他飞来，落在他的胸前。

"招魂" 第 210 页：将纸条绑在棍子上并挥动，用来"唤回"晕倒或刚刚死去之人的灵魂。

单于 第 122 页：汉语中称呼突厥首领的词语，我们音译为"可汗"。

筝 第 162 页：一种弹拨乐器，有十二根黄铜琴弦，使用拨子弹奏。

梁江总 第 261 页：南梁的江总在国家爆发叛乱时逃离，后来返回时三十多岁，头发还是黑的。杜甫可就没有那么幸运了。

麒麟 经常提到：四大灵兽之一，其他三大灵兽为凤凰、龟和龙。“麒麟”其实是一种统称：雄性称“麒”，雌性称
“麟”。据说，麒麟能活到一千岁，是最高贵的动物。麒 431
麟阁内供奉着战斗英雄的画像。

曲江 经常提到：一条曲折蜿蜒的河流，位于京城东南的芙蓉园。参见《长安周边区域略图》11。

屈宋 第 164 页：屈原和宋玉。屈原生活在公元前 332 年—公元前 295 年，是那种忠贞爱国的大臣。他还是一位伟大的诗人，他的晚辈宋玉也是一位著名诗人。

决明 第 174 页：根据布雷特施耐德（Bretschneider）的说法，这是一种生长在沼泽中的植物。决明的种子在十月初十采集，在太阳下晾晒一百天。决明开黄花，花期在七月。

群帝 第 35 页：统治东方的神灵。

终南山 第 95 页等：又名中南山，位于秦岭山脉中段、长安之南。

龙 经常提到：四大灵兽之一（参见“麒麟”），能呼风唤雨，是皇帝的象征，皇帝的特性和财富都用这个词修饰，比如“龙颜”、“龙袍”、“龙宠”等。

龙门　第134页：鲤鱼成功地跃过了河南龙门峡谷的波涛，就变成了龙，这是成功学子的象征，而考场的大门则常被称为“龙门”。

432 **八极**　第41页：意思是“各处”——四方及其中间点。

饮中八仙　第83页：唐朝著名的喜爱喝酒的人，他们的名字可在翟理斯的《古今姓氏族谱》里找到。贺知章（B.D.643），国家宰相；李琎（B.D.1111），汝阳王；李适之（B.D.1195），唐朝宗室；崔宗之（B.D.2048），贵族；苏晋（B.D.1774），著名学者；李太白（B.D.1181），著名诗人；张旭，书法家；焦遂（B.D.350），口吃严重，只有酒能放松他的舌头。

凤凰　经常提到：四大灵兽之一（参见“麒麟”）。“凤凰”是个统称，雄性称“凤”，雌性称“凰”。凤凰的原型是锦鸡，这种鸟是爱情的象征，因此我常常把“凤凰”翻译为“爱之鸟”。

四渎　第215页：指黄河和其他三条中国北方的河流。

赋　一种不规则的诗歌形式，与散文极为相似，一些权威人士认为不应将其与诗歌归为一类。

芙蓉　第298页：一座园林，由明皇建于开元年间，与兴庆宫相连，这一时期，明皇开始疏于朝政而不露面。芙蓉园内住有大量宫女，她们焚香以迎接御驾亲临。

井华 第244页：黎明时分第一道从井中汲出的水叫“井华”，据说对皮肤有益。

金钱会 第298页：开元年间，明皇宴饮王公贵族及五品以上官员，并令左右于门下撒金钱，以此作为宾客的 433
赏赐。

金闺彦 第69页：汉代保留的学者的名册，这是比喻的说法。

青海 第102页：即青海湖，色彩艳丽的内陆咸水湖，参见《唐代中国疆域图》。

西王母 第151页：西王母娘娘是统治西方天国的神话人物。

行 “流动的诗”，形式非常自由，所使用的词语常接近于口语。

羿王 第35页：又称“后羿”，相传他生活在公元前2436年，拥有神奇的力量。他射箭技艺超群，有一次月食时，他射中了危险的阴影，从而将月亮从月食中拯救出来；还有一次，天空中升起了十个太阳，毁灭了地上的庄稼，他将九个错误的太阳射落到地面上。

歌 可吟唱也可不吟唱，形式不规则。

叩头 这种仪式一般称为“磕头”，人拜倒在皇帝面前，头在地上磕九下。

古诗 古代的诗歌，形式是不规则的。

昆戎 第 239 页：居住在西方昆这个地方的戎部落。

崆峒 经常提到：西部岷山山脉的一座山峰，参见《杜甫行程图》。

里 经常提到：中国的一个长度单位，一里大约相当于三分之一英里。

434 **李太白画像** 承蒙颜慈先生（Perceval Yetts）惠准，转载自他的《晚笑堂画传》。书中收录了历史上诸多著名人物的画像，于公元 1743 年出版，著者为上官周，著名学者、诗人和画家，又名上竹庄，即竹庄的道士，完成此书时他已 79 岁。第 152 页上的图画同源自此书。

独夫 第 263 页：指皇帝。

爱之鸟 经常提到：参见“凤凰”。

律诗 按律而写的诗，具有确定的韵律和声调，参见《松花笺》简介。

蛾眉 第 169 页：在中国最受喜爱的眉形，像飞蛾弯曲的触须，因此称为“蛾眉”。

名字 男孩出生时取一个“乳名”（吃奶时期的名字）和同辈男性的“谱名”（族谱中的字辈）。后来他的老师给他取一个“学名”，即在学习校名字，在家里也使用这个名字。再后来，由老师或者这个年轻人自己取一个

“考名”，即考试的名字，这个名字会经常变动，尤其是
如果没有通过某次考试，就意味着这个名字毫无价值。
担任官职以后，这个成年人会选择一个“官名”和一
个“字”，“官名”是官方正式的名字，“字”是对“官
名”的解释。还可以有“号”，对“官名”进行描述和
说明。还有“别号”，对这个描述和说明进行解释。例
如，农竹先生的官名是“竹”；他的“字”是“陪安”，
竹“可保护草屋”；他的“号”是“劲荪”，意为“坚
强、不屈服”；他的“别号”是“净心”[①]，意为“纯净 435
的心”——竹子，是空心的，在中国人看来，没有欺瞒
诡诈之心。

年号 一个王朝统治时期的名号，或其年份的名称。汉朝及其后来的朝代，皇帝常常在他们统治期间改换年号，特别是发生了不幸的事件，表明使用的年号可能是不吉利的。明朝废除了这一做法。

九重、九霄等 经常提到：大家普遍认为，天分为九层或九道。

九泉 经常提到：指人死后灵魂游荡之处流动的泉水。

梨园、宜春院 第 33 页：明皇设立的著名宫廷学校，教习音乐和舞蹈。

---

① 此别号未查到出处。——译者注

北庭 第 327 页：另一专有名词，指现在的新疆。

延恩匦 第 132 页：一个容器，官员们把希望引起皇帝注意的表疏投放其中。

发音 没有一种欧洲语言能提供汉语音译所需要的所有发音。应该记住几个基本原则：a 是长音，像 ah 中的 a——音节 ang 和 hang 不押韵，而跟 aahng 押韵；ai 是 eye；ê 是 clergy 里 的 e；i 是 believe 里 的 i；u 跟 choose 一样；ü 是法语 utile 中的 u。在辅音中，有 5 个在英语中特别难发的音：chih[①] 跟 chirrup 里的 chi 很像；shih[②] 是 chivalry 中的前三个字母；ssŭ[③] 是 buzz 里的 zz；tzŭ[④]，在 buzz 里的 zz 前加一个 t；tz'ŭ[⑤] 是 tzŭ 的送气音。
436 （更多详情，参见禧在明（Walter Hillier）爵士所著的《袖珍词典》。）

金粟尺 第 115 页：一种比喻的说法，指镶嵌有小铜钉标记的中国尺子。

象教 第 104 页：即佛教。

泰液池或太液池 宫中池塘的名字。这个名字与道教的象征

---

① chih，汉语拼音为 zhi。——译者注

② shih，汉语拼音为 shi。——译者注

③ ssŭ，汉语拼音为 si。——译者注

④ tzŭ，汉语拼音为 zi。——译者注

⑤ tz'ŭ，汉语拼音为 ci。——译者注

意义有关：阴阳（即正与负或男与女的基本法则）之“津液”，大量混合，形成一个水池。

鹢 第 134 页：读作 yì。据说这种水鸟不怕风，通常把它画在船上，以防止船只失事。杜甫希望自己能像这种鸟儿一样，不被环境所压倒。

鼋（yuán） 第 66 页：据说是一种周长二十英尺的动物。

笙 第 151 页：一种非常古老的乐器，由十三个不同的簧片组成，插入一个带有弯曲的吹管的瓠中，通过簧片吸入空气而产生音乐。

六合 第 184 页：罗盘上的四个点、天顶和天底。

六印 马匹身上的印，第 315 页：官方蓄养的马匹都要打上印记，有六种印：第一，在马的右肩部印“官”字；第二，在右胁部印年份名称；第三，在尾侧印马匹所属部门的名称（如果此马适合皇帝骑乘，则省略此项）；第四，马匹年满两周岁，进行测试后，如果符合条件，则 437
在左前足和左后足处印“飞”字；第五，轻型的良种马在其左颈项处印龙形图案；第六，送给皇帝骑乘的马匹在尾侧印三花图案。

当宁 第 212 页：据说邪灵只能沿直线行进，所以习惯上要在大门里边或外边放置一块屏风。

突厥 突厥或西突厥的疆域延伸到天山以北地区，其历史可以分为大致相等的两部分：从六世纪中叶到七世纪中叶，他们是独立的；从七世纪中叶到八世纪中叶，他们相继受到中国人、吐蕃人、阿拉伯人和其他各种部落的统治；他们从来都不是一个高度中央集权的群体，而是一个松散的部落联盟，每个部落都是半自治的。他们的政治组织薄弱，这也许就是他们难有成就的原因。每次统治者一死，关于继承权的永恒争论就会爆发。在一个强大的统治集团的持续领导下，他们或许会成为一支不可战胜的力量。事实上，在一个多世纪的时间里，东至阿尔泰山、西至伏尔加河、北到塔尔巴哈台（Tarbagatai）、南到印度河，都是他们的势力范围，他们发挥了重要的作用。这种权威带来了一定程度的和平，与中国、拜占庭、印度和波斯之间的商贸往来得以维持。此外，不同民族的宗教和政治思想也相互交流。实
438 际上，他们存在的时期是亚洲历史上最重要的阶段之一。

慈竹 第 63 页：一种生长在四川的矮生品种，被称为“母爱竹”，因为此竹丛生，向南而出的竹笋受到母竹的“保护”。

词 句子长短不一的歌词，但每一节必须采用固定的长度格式。

棉衣 第 106 页[①]：开元时期宫女画像。当士兵们在北方边境作战时，宫女们则为他们缝制棉衣。其中一个宫女把一

---

① 实际出现在原书第 118 页，此处有误。——译者注

首诗塞进她缝制的棉衣口袋里，诗中描述了她在“后宫”中孤独而毫无价值的生活。发现这首诗的士兵把诗交给了他的长官，最后这首诗又回到了后宫。明皇深受感动，将这个宫女嫁给了那个士兵。

鼍（tuó） 第 66 页：在中国南方发现的一种大约 10 英尺长的生物，夜里听到它粗哑的声音，预示着下雨。

织女和牛郎 第 150 页：这个故事有很多流行的版本，解释了这对恋人的分离，现在认为他们是位于银河两岸的天琴座和天鹰座（参见倭纳 [E.T.C. Werner][1] 著《中国的神话与传说》)。七月初七，他们被允许见面，天上所有的喜鹊聚集在一起，为他们搭建起一座桥，使他们得以过河相见。

大鲸 第 191 页：一种被认为栖息在寒冷海域里的大海兽。参见《松花笺》注释 50。 439

贤人酒 第 57 页、第 84 页：一种由发酵谷物制成的浓稠浑浊的白酒；清酒则称为“圣人”。

阴间 第 216 页：有光照耀的这个世界叫阳间，阳间之下延伸着另一个世界——阴间，处处与阳间对应，只是阴暗无光。 440

① 倭纳（E.T.C. Werner，1864—1954），汉名为文任亭，英国汉学家。——译者注

索　引

（原书页码）

① 原文53页提到的是“鲁”。——译者注

① 应为《唐会要》。——译者注

平面图和示意图

长安城北部

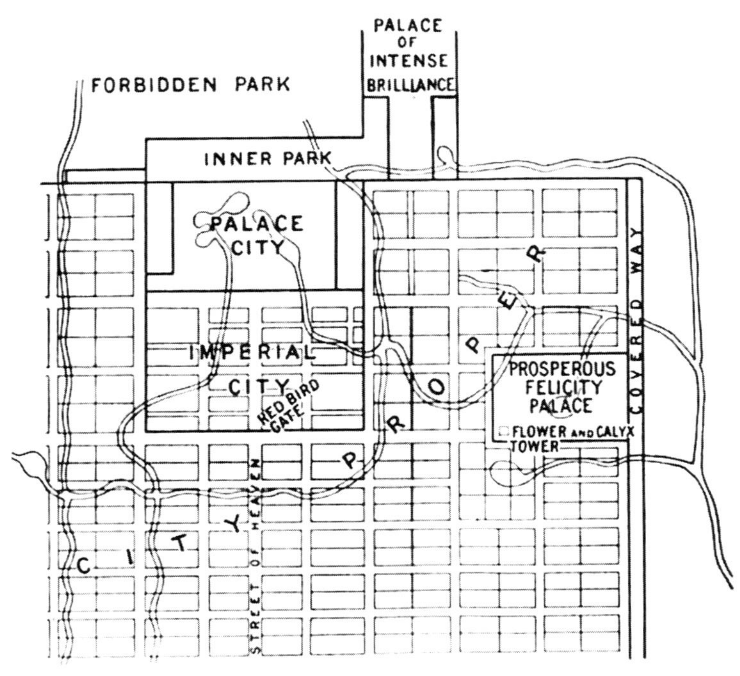

根据东京帝国大学关野教授专著中的地图重制

大明宫平面图

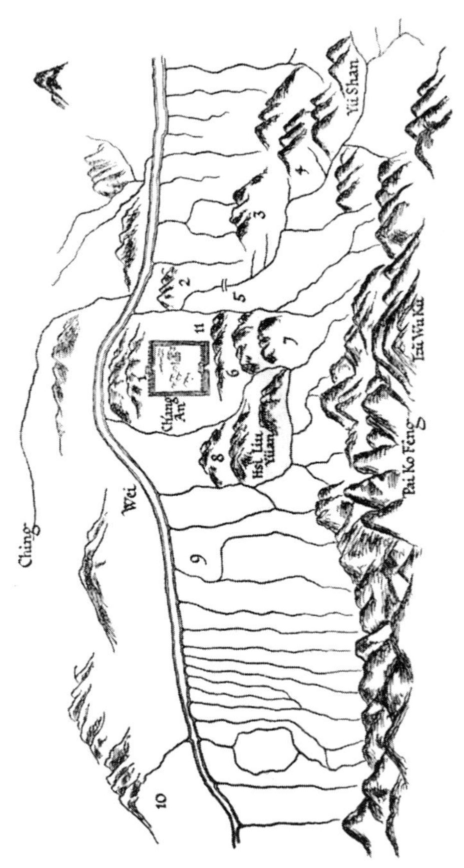

由农竹先生根据《长安志》重制

长安周边区域略图

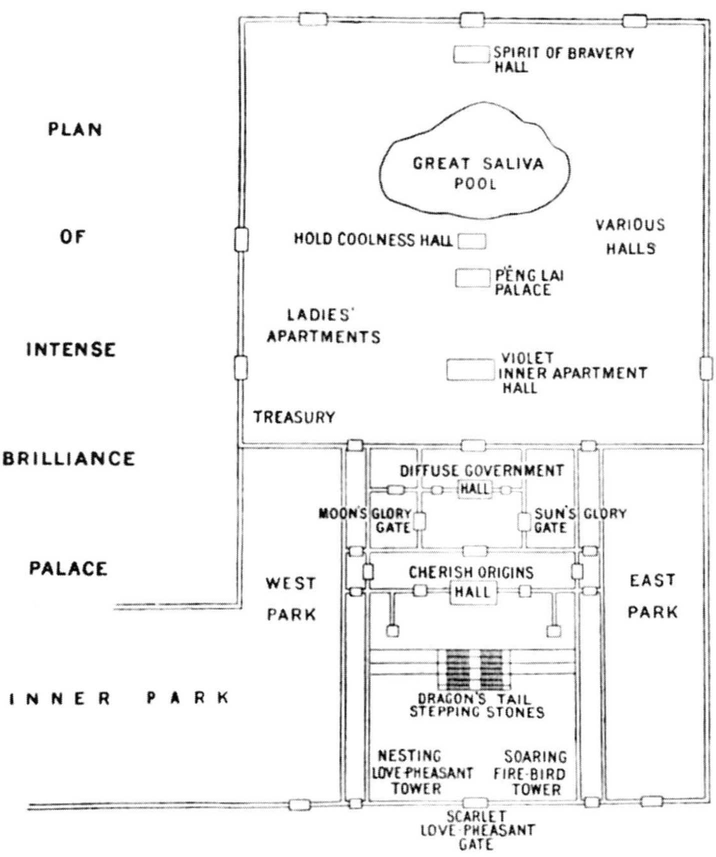

根据东京帝国大学关野教授专著中的地图重制

长安周边区域略图关键词

出自《长安志》注释

1. 龙首山，高200英尺。唐朝时期，在城东北部的高地之上修建了大明宫的多座建筑。

2. 铜人原。伟大的秦始皇收缴天下兵器铸就十二铜人，各重“二十四万斤”（1斤约为1.5磅）。汉朝丞相董卓融化了十具铜人，用以铸造钱币，魏明帝试图将剩余的两具铜人运往洛阳，但最终失败，弃之于大路南。

3. 骊山，蓝田北峰，温泉的发源地，那里修建了华清宫。

4. 蓝田山，位于长安东南30里处，出产美玉。

5. 灞桥、灞水桥，长400余英尺，宽24英尺，距京城5里，种植了万棵柳树。长安人送别亲友，行至此处，折柳枝以赠别。

6. 乐游原。

7. 少陵原、小陵原，汉宣帝皇后墓葬之地，也是杜甫的出生地。

8. 高阳原，秦始皇修建的阿房宫所在地。

9. 渼陂，此处水景优美，杜甫与岑参同游，见第 171 页。

10. 马嵬坡，贵妃身死之地。

11. 曲江。

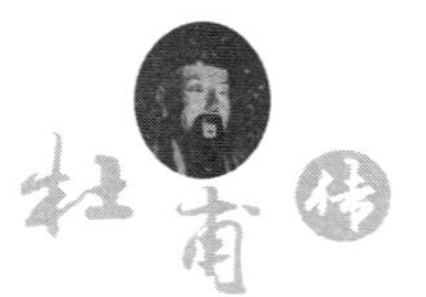

唐代中国疆域图

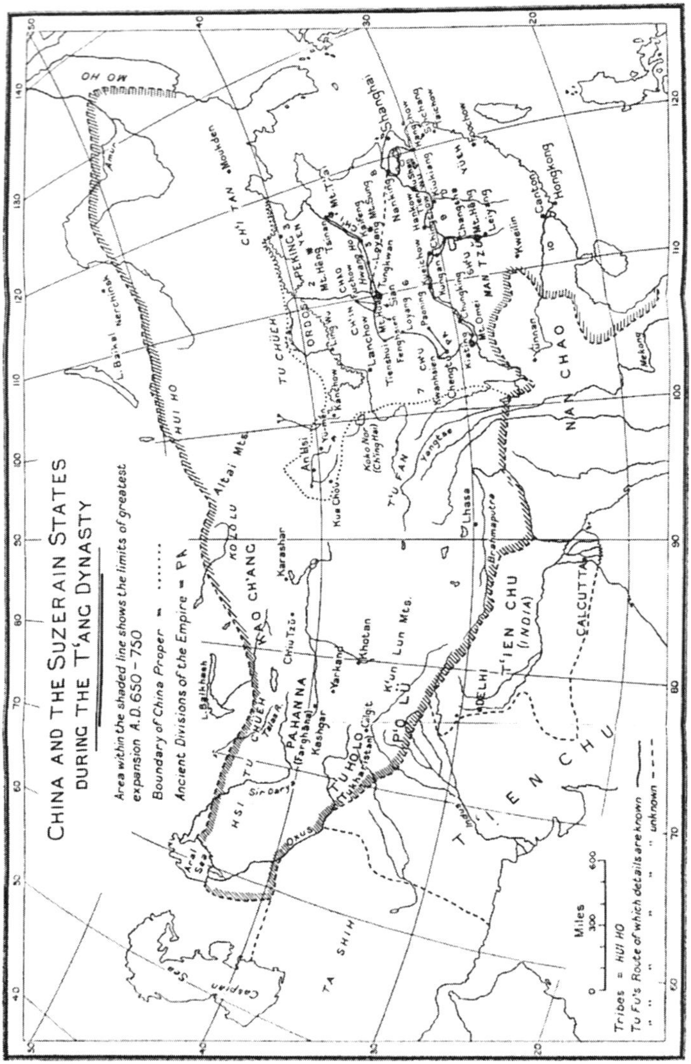

CHINA AND THE SUZERAIN STATES
DURING THE T'ANG DYNASTY
Area within the shaded line shows the limits of greatest expansion A.D. 650 - 750
Boundary of China Proper = ...
Ancient Divisions of the Empire = PA
Tribes = HUI HO
Tu Fu's Route of which details are known
" " " " " unknown
Miles
0 300 600